L'ART DÉCORATIF
AU TEMPS DU ROMANTISME

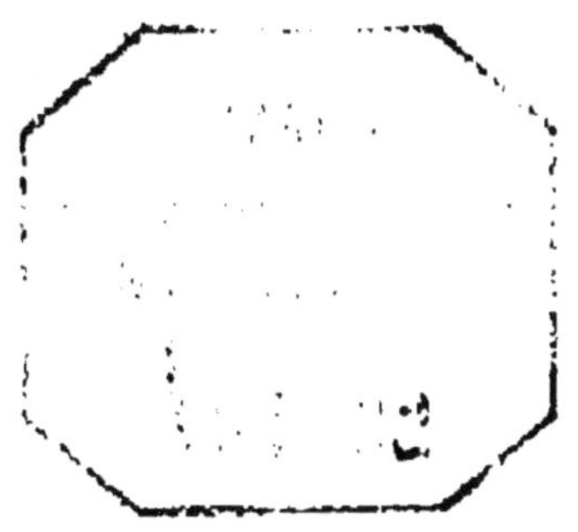

Volumes parus dans la même collection :

Le Mobilier français d'aujourd'hui (1910-1925), par Pierre OLMER.

L'Architecture lombarde de la Renaissance, par Charles TERRASSE.

La Manufacture de Jouy et les toiles imprimées au XVIIIe siècle, par Henri CLOUZOT.

Le Goût du Moyen Age en France au XVIIIe siècle, par René LANSON.

La Céramique du Pays d'Auge, par Étienne DEVILLE.

La Renaissance du Mobilier français (1890-1910), par Pierre OLMER.

La Verrerie française depuis cinquante ans, par L. ROSENTHAL.

Les Laques d'Extrême-Orient, par Mlle Jeanne BALLOT.

L'Art Décoratif au temps du Romantisme, par Pierre SCHOMMER.

La Décoration byzantine, par André GRABAR.

ARCHITECTURE ET ARTS DÉCORATIFS

Collection publiée sous la direction de M. Louis HAUTECŒUR

L'ART DÉCORATIF

AU TEMPS

DU ROMANTISME

PAR

P. SCHOMMER

PARIS ET BRUXELLES
LES ÉDITIONS G. VAN OEST

1928

L'ART DÉCORATIF
AU TEMPS DU ROMANTISME

I

Style troubadour ou style historique.
Origines et formation.

L'expression de « style troubadour » est pittoresque, mais inexacte. De l'Art que prônèrent les premiers admirateurs de Victor Hugo, ce serait plutôt l'Art historique que l'on devrait dire, car sous l'influence de causes diverses — influences étrangères et travaux scientifiques — il procéda surtout de la curiosité pour l'archéologie médiévale, dont l'origine remonte aux cinquante années qui précédèrent la Révolution.

Manque de culture ou défaut de recul dans le temps, les partisans d'Hernani semblèrent ignorer les raisons du mouvement qu'ils propageaient. La génération de 1830 découvrit l'esthétique du moyen âge, comme si, avant elle, personne n'avait ressenti même confusément l'harmonie des cathédrales et des monuments du passé français. Suffisante et présomptueuse, elle pécha beaucoup par manque de réflexion.

Eût-elle réfléchi davantage, elle se fût peut-être avisée que le commerce du monde anglo-saxon avait profondément modifié au XVIIIe siècle les habitudes établies par la discipline classique Elle eût songé que, malgré leur admiration pour l'Antiquité, les Anglais si fêtés à la cour de France et dans les cercles lettrés, entre 1750 et 1789, ne pouvaient se départir d'une naturelle tendresse pour les collèges gothiques et les castels couverts de lierre de leur enfance, que séduit par le moyen âge, l'un d'eux et non des moindres, Horace Walpole, avait écrit ce roman caractéristique : *le Château d'Otrante*, et fait construire en vieux style sa résidence de Strowberry-Hill... Sans souci de Voltaire et de Ducis, elle se contentait de manifester son enthousiasme pour Shakespeare et l'enthousiasme ne s'embarrasse pas de scrupules très profonds.

Quant à *l'Allemagne* de Mme de Staël, les romantiques témoignèrent une attitude inconcevable à l'égard de ce beau livre, auquel ils devaient tant, cependant. Ils voyaient dans *Faust*, un monde, disaient-ils. Seulement, ils ne connaissaient *Faust* que par Gérard de Nerval (1828) et ne pensaient pas que sans Mme de Staël, ni Gœthe ni Schiller n'auraient été traduits, presque pour leur génération.

Même attitude envers toute une littérature archéologique, bien française, cette dernière, celle qui détermina après un siècle de tâtonnements et d'efforts, l'institution de l'École Royale des Chartes (1821). Annoncée par les *Monuments de la Monarchie française et le Trésor des Antiquités de la Couronne de France* du P. Montfaucon (1729-1733 et 1745), elle n'avait cessé de s'enrichir et de se répandre sous la Révolution et l'Empire, exerçant une action toujours croissante dans les plus divers milieux. De cela, encore, les véritables romantiques n'eurent cure, ni soupçon, pas plus qu'ils n'estimèrent le rôle joué par certaines circonstances adjacentes dans le courant créé par les travaux inégaux, incertains, d'érudits tels que Millin, Laborde, Payot de Montabert, Angicourt, Gilbert et Fauris de Saint-Vincent. Et pourtant ces circonstances avaient été la crise de 1789, l'émigration et les guerres impériales.

Dans leurs effets, l'émigration et les conquêtes napoléoniennes s'étaient confondues. L'Émigration, terminée en 1815, par la diversité des lieux de refuge qu'elle élut, avait mis un public varié et d'éducation raffinée, en contact avec des traditions locales, des langages plastiques, des poésies étrangères dont il assimila souvent à son insu, d'appréciables éléments. D'autre part, Austerlitz, Iéna, Saragosse, Moscou ne furent pas seulement les étapes de l'Épopée. En campant au pied du Dom de Mayence, en traînant son sabre sur les dalles du Kremlin, un hussard ou un grenadier, qui n'était pas forcément une brute, ramassait des souvenirs qu'entre deux batailles, il rapportait au foyer. Parfois même, le goût venant, il se faisait antiquaire, tel Alexandre du Sommerard, fondateur des collections de l'Hôtel de Cluny : « Soldat volontaire à quatorze ans, rapporte Prosper Mérimée..., un des premiers, il distingua les caractères de cet art méprisé... Rendu à la vie civile et attaché à la Cour des Comptes, d'abord en qualité de référendaire, puis de conseiller maître, il employa tous ses loisirs et la plus grande partie d'une fortune modeste à réunir, classer et publier une collection d'objets d'art du moyen âge et de la Renaissance. Chaque jour, son cabinet s'enrichissait de meubles, de vases et d'ustensiles de toute espèce qu'il arrachait aux destructeurs... »

Tous les hommes de qualité volontairement expatriés, tous les soldats et administrateurs qui régentèrent le continent à la suite de la grande armée n'eurent point cette clarté de vue. Il n'en est pas moins vrai qu'ils léguèrent à leurs enfants des thèmes de rêverie et ce fut à leur impulsion que les Français venus au monde intellectuel de 1825 à 1835, durent les innombrables traductions qui, se dispersant dans les villes de province, les taudis d'étudiants, les salons des Ultras et l'alcôve des femmes de trente ans, dirigèrent leur imagination vers des sujets nouveaux. Sans les citer toutes, on peut signaler *Wallenstein, tragédie, suivie de quelques réflexions sur la pièce de Schiller* par Benjamin

Constant (1809), les *Romances du Cid* versifiées par Creuzé de Lesser (1814-1823), les *Traductions de Shakespeare et de Schiller* présentées par Guizot et M. de Barante ; *Faust* traduit en 1828 par Gérard de Nerval.

Ces publications successives furent vite complétées par de sérieuses études critiques : le *Tableau de la littérature au moyen âge* de Villemain, le *Tableau de la poësie française au XVIe siècle* de Sainte-Beuve (1828). En une vingtaine de volumes, un idéal nouveau était montré à une jeunesse dégoûtée des Grecs et des Romains.

L'influence des traducteurs et des critiques se trouva d'autant plus grande que, de longue date, les regards s'étaient familiarisés avec les formes des monuments médiévaux à l'ancien monastère des Petits Augustins, que déjà, sous le règne de David, des peintres novateurs comme Nicolas-Ponce Camus (1778 à 1839), Jean-Antoine Laurent (1763 à 1832), Révoil (1776 à 1842), s'étaient fait une spécialité de tableaux « chevaleresques », fort appréciés de l'impératrice Joséphine et de la reine Hortense, qu'enfin, l'action du Musée des Monuments français s'était poursuivie parallèlement à la leur dans la galerie d'Angoulême créée sur l'initiative du comte de Forbin après la dissolution des Petits-Augustins (16 décembre 1816).

Il existait alors, au dire de Sainte-Beuve, dans « les boudoirs aristocratiques, une petite société d'élite, une espèce d'hôtel de Rambouillet, adorant l'art à huis-clos, cherchant dans la poésie un privilège de plus, rêvant une chevalerie dorée, un joli moyen âge de châtelaines, de pages et de marraines, un christianisme de chapelles et d'ermites ».

Que les jeunes hommes de 1830 le voulussent ou non, et en dépit de leur raillerie, le romantisme était donc apparu sous sa forme moyenâgeuse, avant qu'ils fussent même en âge de penser.

Vogue, état d'esprit latent, il avait pris pied dans l'Art Décoratif, d'abord, puis dans la mode, l'imprimé, les manifestations sérieuses ou futiles de l'existence du temps, il s'était déjà mêlé à la vie publique et privée, lorsque les « Jeune France » saluèrent la préface de Cromwel « comme les Tables de la loi sur le Mont Sinaï » (1827). Ne sied-il pas d'examiner les manifestations premières du style historique avant de voir comment les soi-disant révolutionnaires de l'Art virilisèrent ses mièvreries, au prix regrettable de maintes de ses délicatesses ?

II

Les Petits Augustins.
Cérémonies et entreprises d'État « Moyen Age ».

Des faits précédents, aucun ne peut égaler l'importance du Musée des Monuments français. Produit de l'activité médiéviste du XVIIIe siècle, la création de Lenoir contenait en germe le « chevaleresque » de l'Empire, le « troubadour » de la Restauration, le « moyen âge » de 1830. Elle fut le « modèle de style » auquel se rapportèrent longtemps artistes et décorateurs, et l'on n'est pas peu surpris de constater que son influence n'est pas encore éteinte. Par son arrangement factice, la sensibilité dont elle portait la trace, elle constitua jusqu'à un certain point une œuvre originale, dont les éléments se paraient de la plus incontestable authenticité.

Point n'est besoin d'évoquer la patience, les ruses, la diplomatie de Lenoir pour organiser, puis imposer son musée aux gouvernants de son temps. L'on sait aussi l'énergie qu'il déploya, sous la terreur, pour sauver, parfois au péril de sa vie, les souvenirs du passé légués à la France de Louis XVI. Ce furent ceux qu'il groupa dans les locaux de l'actuelle école des Beaux-Arts. Douze cents monuments, environ, provenant des églises parisiennes, des sanctuaires et châteaux de la plus proche province y étaient disposés « par ordre chronologique dans des salles ornées de princes et de personnages célèbres, décorées avec l'architecture convenable à chacune des époques ». Un jardin complétait les salles, « planté, dit la notice de 1814, avec autant d'art que de goût ». Il renfermait les statues de plusieurs rois et guerriers illustres et « aussi les cendres des hommes de lettres dont la France s'honore, tel que Molière, Boileau, La Fontaine, Mabillon, Descartes, Montfaucon, Rohault, Eloïse et Abélard. M. Lenoir a honoré leur mémoire par des monuments simples, mais intéressants par la composition et la sévérité du style qu'il a su adapter au genre qui convenait à chacun d'eux. »

Ce jardin avait été dessiné par un disciple de Volney qui s'était assimilé le meilleur des *Ruines*. Pour prendre quelque idée de ses mausolées, il suffit de se reporter aux charmantes aquarelles de Vauzelle, dans la collection Destailleurs. Mais, aux Petits-Augustins, l'essentiel était les galeries et le cloître.

« Tombes royales de Saint-Denis, statues de princes et de saints arrachées aux églises, bas-reliefs, verrières, objets d'orfèvrerie sacrée, émaux, pavements de mosaïque..., pour la première fois, l'art gothique y apparaissait dans sa diversité. D'étroites croisées, de sombres vitraux, éclairaient d'une lumière pâle ces salles aux lourds piliers, aux voûtes parsemées d'étoiles. »[1] « La réunion de ces monuments en un seul lieu leur donna une importance qu'ils n'auraient jamais acquises sans cette circonstance. Ils

1. Paul Léon, *Les Monuments historiques.*

excitèrent d'abord la curiosité, puis un intérêt très vif », relate un contemporain.

De fait, Lenoir s'était surtout préoccupé de frapper les imaginations. Doué d'un sens très grand du pittoresque, mais dénué de scrupule professionnel, pour former des ensembles, il juxtaposait les fragments les plus hétéroclites ; pour combler des lacunes, il inventait ou supposait sans contrôle ; il complétait à sa guise les figures mutilées, leur attribuant des armoiries, des couronnes, des visages qui ne leur avaient jamais appartenu. Combien de personnages décapités ne reçurent-ils pas des chefs d'autre époque, lorsque ce n'était pas d'autre sexe ! Une tête de roi de Judas fut ainsi greffée sur le buste mince d'une vierge adolescente. Il n'était pas, d'ailleurs, jusqu'aux tombeaux dont l'audacieux conservateur ne bouleversa l'ordonnance établie pour l'éternité : Autour de l'admirable Charles V façonné des mains d'André Beauneveu, l'assemblage le plus singulier ! Et de quel groupement arbitraire la sépulture de Diane de Poitiers ne se composait-elle pas désormais. Lenoir y avait fait rentrer la longue chasseresse d'Anet, des groupes de Germain Pilon et des émaux d'après Raphaël : Mme de Valentinois n'eût pas reconnu sa demeure dernière !

L'on passait alors sur ces anachronismes excusables, d'ailleurs, en raison de l'époque. La nouveauté de ces sculptures surprenait. Au lieu de magots, l'on percevait dans les statues allongées ou dressées une beauté méconnue, de pures images de femmes, des tournures héroïques. Peu importait au public que le tombeau d'Éloïse et d'Abélard fût fabriqué de toutes pièces à l'aide de fragments du cloître de Paraclet et d'un gisant de Saint-Marcel-lès-Chalon, que les colonnes d'Ecouen entourassent l'effigie de Henri II ! Il s'abandonnait, ce public, aux impressions nouvelles qu'il ressentait dans sa candeur naïve et c'était Mme Récamier et Charles Percier, le vicomte d'Arlincourt et le petit Michelet qui s'attardaient dans la pénombre où le peintre Cochereau dressait son chevalet. Contrairement à l'avis de Chateaubriand, les précieux témoignages du génie de notre race parlaient à l'imagination et au cœur. Ils complétaient le *Génie du Christianisme* (1802), où la religion catholique était montrée comme une source féconde d'œuvres d'art plus belles encore que celles de la Grèce. Si les formes moyenâgeuses parurent officiellement le 2 décembre 1804, ce fut grâce aux collections des Petits-Augustins.

Ordonnateurs du sacre de Napoléon, Percier et Fontaine les utilisèrent ostensiblement, dissimulant les porches de Notre-Dame sous une composition pseudo-gothique. L'arrangement réalisé sur la place du parvis par les deux collaborateurs consistait dans ses grandes lignes en un pavillon central formant porche, élevé devant le portail du Jugement dernier et prolongé, de droite et de gauche, par un cloître factice. Dans sa structure et dans sa décoration, Percier et Fontaine s'étaient efforcés d'allier les symboles de l'ordre nouveau-né de l'audace de Bonaparte et les souvenirs de la vieille France, fille aînée de l'Église, rénovée par le Concordat. De là, un complexe mélange d'arcatures gothiques, de blasons nouveau-nés et d'aigles de César.

Au sommet couronné d'une galerie ajourée, quatre pinacles pyramidaux et gothiques s'enlevaient jusqu'à la hauteur de la grande rose occidentale, puis à l'étage inférieur une galerie aveugle se raccordait avec la galerie des Rois vide des figures de l'Écriture. Elle abritait les allégories des cohortes de la Légion d'Honneur et surmontait le triple porche ouvert à la fois sur la place et sur les galeries latérales. Aux piles, une superposition de statues, de niches, de dais trop moyen âge : un Clovis et un Charlemagne affectaient une forme mi-romane, mi-treizième siècle, les statues des villes de France participant au sacre, un élancement peut-être inspiré de la splendide synagogue de Strasbourg. Les villes surmontaient des cartouches porteurs de leurs noms et la moindre particularité n'était pas la présence à leurs pieds des aigles romaines dans des quadrilobes empruntés à Chartres, à Bourges et à Amiens.

De cet extraordinaire mélange de styles et de formes, une tendance esthétique se dégageait très nettement. Le couronnement de l'Empereur assurait avec le triomphe personnel de Lenoir, celui du moyen âge de la rue Bonaparte. L'influence du Musée des Monuments français allait s'exercer plus vivement encore à l'occasion du baptême du Duc de Bordeaux (1821) et du sacre de Charles X (1825).

A cause du prénom d'Henri, donné à l'Enfant du Miracle, Notre-Dame de Paris se couvrit, sous la direction d'Hittorff, d'attributs de la fin du XVIe siècle, et le fils posthume du duc de Berry reçut l'eau du Jourdain sous un dais qui n'eût pas semblé déplacé aux États Généraux de 1614.

A Reims, le 29 mai 1825 donna prétexte à une grande manifestation dynastique et religieuse, dont Lamartine dans le *Chant du Sacre*, Victor Hugo dans ses *Odes*, le peintre Gérard dans une grande toile qui existe toujours, les graveurs Leisnier, Forster, Blanchard, Burdet, Sellier, Henriquel Dupont et Godard d'Alençon, dans un ouvrage inachevé, se sont efforcés de commémorer les instants.

Contrairement à ce qui s'était produit au sacre de Napoléon, l'architecture intérieure fut soulignée par les tribunes et échafauds, d'où les représentants des Maison et Noblesse de France assistèrent à l'onction du monarque. Autant que les images multipliées des Saints protecteurs du royaume et des rois capétiens, autant que les arcs des tribunes d'un gothique composite mais précis, les lignes mêmes de la basilique contribuèrent à l'effet général. Le moyen âge s'affirmait non seulement dans les grandes lignes, mais aussi dans les couleurs. Le sacre de Charles X fut d'une tonalité très tranchée, très soutenue, on s'en rend compte en voyant à Versailles le tableau de Gérard et surtout, en faisant déployer au Garde Meuble National les tentures qui y ont servi.

Par contre, le style en vogue n'eut aucune part aux pompes funèbres qui se déroulèrent, à Saint-Denis en 1815 (Louis XVI et Marie-Antoinette), 1820 (le duc de Berry), 1824 (Louis XVIII). Néanmoins, il n'était pas absent de l'abbatiale. Napoléon, dans le désir d'y établir la nécropole de sa race, avait confié à Legrand et à Cellerier le soin de la restaurer (1806). Legrand commença hâtivement les travaux de première urgence. Les plans d'aménagement de Cellerier n'étaient qu'à l'état de projet, lorsque Debret prit la direction du chantier (1813). Il la conserva sous la Restauration et la Monarchie de juillet, n'épargnant rien pour rendre à l'édifice son lustre d'autrefois. Il dépensa largement les crédits qui lui étaient ouverts, s'entoura avec scrupule d'une documentation étendue et s'efforça bravement de ressusciter le moyen âge dans l'asile mortuaire de nos rois. Trop imbu, hélas, de l'enseignement pratique des Petits-Augustins, se fondant sans critique sur des documents discutables, des textes mal lus, mal compris, plus mal interprétés, Debret retailla, resculpta, ressemela, comme parle Huysmans, la malheureuse église de Suger, dont la beauté épargnée par le canon révolutionnaire pensa périr sous les coups de ce pensionnaire de Rome.

Vrai ou faux, tout moyen âge lui était bon et, souvent, comme Lenoir, il puisa dans ses propres ressources. Introduction de vitraux étrangers aux verrières primitives, de débris de retable, de vestiges sculptés sans origine ni intérêt, interpolations de figures, inscriptions erronées d'une latinité douteuse, truquage de sépultures et composition de tombeaux postiches, d'ex-voto imaginaires, barbouillages informes et polychromies grotesques, Debret accomplit avec un zèle furieux tout ce que le plus élémentaire respect du passé aurait dû lui inspirer de ne pas faire. Surtout, il osa porter une main sacrilège sur les sépultures restituées à leur lieu d'origine en vertu de l'ordonnance de 1816, portant dissolution du Musée des Petits-Augustins. Aidé de deux élèves de l'école des Beaux-Arts, « M. Blois... qui, après s'y être distingué, même au concours du grand prix, fut obligé par circonstance de tirer parti de son talent » et M. Brun, ancien pensionnaire de l'Académie de France, qui avait restauré « la totalité des figures de la façade dont il ne restait que des tenons pour témoins », Debret leur appliqua les mêmes traitements qu'à l'église. Lenoir, conservateur des sarcophages royaux jusqu'à sa mort (1840), ne dut pas lui épargner ses conseils.

Animé, rapporte le baron de Guilhermy, de préoccupations matrimoniales au moins bizarres, l'ingénieux architecte résolut de procurer à chaque roi de marbre une compagne de même matière. Sans s'inquiéter de la position personnelle de chacune des princesses remises entre ses mains, il leur assigna des époux suivant son bon plaisir : « Les princes de second ordre furent condamnés à céder aux rois leurs épouses, bon gré, mal gré, sauf le cas où tout partage terminé, il s'en trouverait quelqu'une en surnombre. De cette arbitraire mesure, il résulta de singuliers incestes de pierre et des adultères de marbre de la pire espèce. On n'imaginerait jamais ce qui se commit d'immoralités archéologiques sous les voûtes obscures de Saint-Denis. C'était un scandale à faire rougir les piliers vénérables de la crypte... » Car la plupart des sarcophages avaient été, par comble, descendus dans la crypte !

Dans l'église haute. ne restaient que les monuments trop

encombrants, entourés ou assaisonnés de fantaisies débrétiennes. Dans l'ancienne chapelle de Notre-Dame la Blanche, les belles statues de Charles V et de Jeanne de Bourbon, provenant de l'Abbaye des Célestins, faisaient dans leurs vêtements du XIVe siècle, figure de Louis IX et de Marguerite de Provence. Charles V-saint Louis était prié, encensé, illuminé par les dévotes, pendant que les curieux s'étonnaient d'une psychostasie retrouvée dans les décombres et donnée comme le pèsement de l'âme du saint roi. Ailleurs, c'était le bas-relief de Jeanne d'Évreux de timide allure gothique, entouré d'une sculpture en pierre qui, aux Petits-Augustins, appartenait au tombeau de Pierre d'Orgemont. Mais il faudrait tout citer, s'arrêter devant les misérables petites plaques de marbre des épitaphes des « Charles », tenues par des anges en peinture plate, devant les effigies gravées sur des tables de pierre de Charles V, Charles VI, Charles VII, Jeanne de Bourbon, Isabeau de Bavière, Marie d'Anjou, mauvaises copies de mauvaises figures du P. Montfaucon ! L'on parviendrait enfin, et cette image scabreuse fut le comble des trouvailles de Debret, au fameux ex-voto de Jeanne d'Arc, l'armure maximilienne de la bonne Lorraine, coloriée sur une table d'ardoise, d'après un équipement allemand du musée d'artillerie.

A l'époque, ces faux, ces anachronismes énormes n'étonnaient pas. Sanctionnés par l'approbation de deux classes de l'Institut, ils représentaient, entre 1820 et 1848, la conception du moyen âge de la plupart des Français moyens. Plutôt, ils la confirmaient en la flattant. A un autre point de vue, la « restauration » de Saint-Denis marqua l'extrême portée des idées de Lenoir. Celle de Pierrefonds, beaucoup plus tardive, devait partir de principes différents. Il n'en reste pas moins que l'État, qui l'avait dotée de crédits importants, ne fut pas heureux dans cette vaste entreprise romantique et moyenâgeuse. Il ne le fut pas davantage en organisant à Versailles la salle des Croisés, mais l'alliance du romantisme et du moyen âge présenta des aspects plus attrayants.

III

Théâtres et fêtes travesties.
La mode et la parure romantiques.

Au théâtre, le *Saint Louis* de Lemercier (1819), la *Marie Stuart* de Lebrun (1820), ne marquèrent de timides essais et le « drame » n'apparut qu'après la mort de Talma (1826). *Cromwel* fut publié en 1827, *la Jacquerie* en 1828, *Charles VII chez ses grands vassaux*, fut représenté en 1829. Ces œuvres ne révolutionnaient pas seulement l'esthétique classique, elles bouleversaient l'art de la mise en scène. Au contraire de la tragédie soucieuse de nuances morales, le drame romantique exigea beaucoup du décor. Il fallut que ce dernier concourût à l'action d'une façon réelle, assurant la couleur locale, la vie même de l'évocation historique. Les pans de bois de la renaissance, les alcôves gothiques, les cryptes à piliers trapus, les auberges de rouliers et les palais vénitiens se substituèrent au vestibule passe-partout de Corneille et de Racine. Il n'en pouvait être autrement. Que serait Hernani sans le Palais de Silva ? Comment jouer Lucrèce dans un autre cadre que Venise ou Ferrare ? Où Lord Chandos, Lord Montagu et Lord Clinton s'entretiendraient-ils des secrètes amours de Marie Tudor, sinon dans le paysage de la Tour de Londres et de Westminster Abbey ? Les poètes réclamèrent donc des décorateurs un effort d'érudition et de pittoresque d'autant plus grand qu'ils avaient pris une optique de peintres et transposaient de la toile sur la scène des tableaux à la Delacroix, à l'Eugène Devéria ou à la

Delaroche, avec leur figuration vivante et colorée. Le drame emprunta ses moyens au théâtre lyrique, qui l'avait devancé sur le terrain médiéval, puisque dès la fin du XVIIIe siècle, on avait vu des décors moyen âge en France et à l'étranger, en Suède, notamment, où une *Christine*, jouée à Gripsholm en 1785, avait déroulé ses péripéties dans un cadre composite et somptueux. Peut-être sans la tradition de l'Opéra monarchique, la poésie et la musique de 1830 n'auraient-elles qu'inférieurement réalisé leurs fictions. Cette tradition, J.-B. Isabey (né en 1757) la transmit à son gendre Ciceri (1782-1868), qui la maintint parmi ses collaborateurs et ses élèves Despléchin (1802-1871), Humanité Philastre (né en l'an III), Daran, Cambon (né en 1802), Séchan (1803-1874), Dièterle (né en 1811), auxquels il serait injuste de ne pas adjoindre Adam, élève de P. Delaroche (1808-1853), et Daguerre (1789-1851), dont les observations de perspective linéaire et aérienne complétèrent la mise au point de la décoration théâtrale.

Dans quelle mesure ces artistes subirent-ils l'attrait de la peinture de leur temps, furent-ils influencés par l'exploration de la France du moyen âge, dont le baron Taylor vulgarisait les résultats ? Le déterminer serait tout un chapitre de l'histoire du Romantisme. Romantiques, ils le furent sans conteste et leurs trop rares maquettes le prouvent surabondamment, celle du cloître de sainte Rosalie dans *Robert le Diable* (1831) autant que le sinistre gibet de Gustave III (1833) planté par Ciceri, la toile de fond de *François Ier à Chambord* (1830) brossée par le même Ciceri, comme le chœur de Saint-Denis reconstitué par Despléchin pour le *Charles VI* de Halevy (1843). D'un détail architectural scrupuleux, ces beaux tableaux si bien décrits par Th. Gautier [1] sont à peine vieillis. Leurs inévitables erreurs archéolo-

1. *Vingt-cinq ans d'Art Dramatique*, par Th. Gautier.

giques détonnaient moins que les confusions vestimentaires des personnages qui les peuplaient.

A l'Opéra, Lecomte (vers 1826), puis Lormier (aux environs de 1840) pourvurent de fraises, de pourpoints, d'armures, de robes et de hennins Nourrit, Dupré et Levasseur, Mlle Dorus, Mlle Duvernoy et Mme Stolz. En de prestes aquarelles, Delacroix indiqua les costumes d'*Amy Robsart* de Hugo. Ceux d'*Hernani* furent jetés sur le papier par l'auteur lui-même et l'honneur revint au jeune Gavarni d'établir la robe portée par Mlle George dans la *Tour de Nesle*. Quant à Achille Devéria, il imagina pour *Marion Delorme* des accoutrements non moins particuliers que ceux combinés pour *Ruy Blas* par Louis Boulanger. Comme la plupart des pièces jouées se passaient sous Charles VII ou la Renaissance, dans les indications de Devéria, soit prédilection, soit habitude, de main, on retrouvait toujours un je ne sais quoi de XVe ou de XVIe siècle qui donnait à une paysanne de 1680 un petit air de chambrière de Diane de Mérindor [1] et faisait de Fanny Essler dans le *Diable boiteux* une fausse séduisante Esmeralda. Costumes de bals parés, ces costumes de théâtre ! L'on dansa tellement au temps charmant de la duchesse de Berry et du roi des Français !

La première, la duchesse de Berry parut en « reine du moyen âge » le 12 février 1820, chez le banquier Greffulhe. Sa fête à elle tarda encore près de dix ans, mais ce fut la fête insigne, dont l'aimable album d'Eugène Lami a gardé le souvenir et rien, depuis, n'a été comparable au «quadrille de Marie Stuart» (1829). Dès lors, bals sur bals, à Paris, en province, dans les ateliers d'artistes, dans le notariat, dans la magistrature, au Faubourg. Pour remplacer les Gobelins du Pavillon de Marsan, l'on dressa

---

1. Dans *la Marquise de Brinvilliers*.

des décors dans les appartements. En 1833, bals chez Dumas, square d'Orléans. Delacroix, Devéria, Ziegler, Louis et Clément Boulenger transformèrent l'intérieur de l'écrivain : dans un panneau, la tête de Quasimodo crevait en grimaçant une rosace de Notre-Dame. Le 28 novembre 1835, bal chez Houssaye, à la Bohême de la rue du Doyenné. Parmi les peintres recrutés pour changer le logis en un palais splendide, l'on notait Théodore Rousseau, Corot et un rapin du nom de Chassériau. Bals à Lyon, à Bordeaux, à Poitiers, à Grenoble. En 1836, bal d'enfants chez Orfila ; en 1842, bal de l'avocat Paillet : Roger de Beauvoir valsant en buffle et en armure, suffocant de chaleur, s'écroula avec un fracas de ferraille. On ne pouvait être plus moyen âge. Ce fut une rage. Les courtisans du Roi Jean, les Jeanne Hachette, les Agnès Sorel, les seigneurs Charles IX ou Louis XIII, forcèrent jusqu'aux gardes veillant aux guichets des Tuileries, fantômes, mi-touchants, mi-ridicules qu'évoquent certaines aquarelles de Lami et les lithographies de Devéria, la *Soirée de Carnaval* ou la *Sortie d'un bal travesti* (1829 et 1833).

On se déguisait aussi dans la vie courante et les mémoires contemporains ont retracé ces travestissements.

« Nous aurions voulu marcher dans les rues précédés de timbaliers, suivis de cent clairons sonnant des tintamarres », relate Théophile Gautier [1]. Au « boussingot » portant le chapeau pointu des conventionnels s'opposait Elias Wilmanstadius, l'homme « moyen âge » des *Jeune France*. Dans la vie courante, Elias Wilmanstadius se nommait Devéria, Jehan du Seigneur ou Célestin Nanteuil. Tantôt il revêtait le pourpoint Van Dyck, le manteau « couleur de muraille » et le feutre à la Rubens, tantôt il passait un maillot avantageux et franchissait en souliers à la

---

1. *Histoire du Romantisme, les Jeune France.*

poulaine le ruisseau de la rue du Bac. Des truands authentiques vaguèrent sur le boulevard de Gand et l'on rencontra chez Tortoni Phœbus de Chateaupers fumant un « cigaret » avec Olivier le Daim. Même les hommes corrects sacrifièrent au goût du jour. En habit de soirée, ils tendaient sur leur poitrine des chaînes d'or semblables à des ordres de chevalerie et moulaient leur taille en des gilets de velours lacés par derrière, chefs-d'œuvre de Baron, Léger, Pied, Staub, Martin, Company, princes des tailleurs romantiques. Même les enfants étaient affublés de la sorte : « Ces chers mignons, comme aurait dit M. Ballanche, nous formèrent une palingénésie des annales nationales [1]. »

Les femmes, de leur côté, ne restèrent pas en arrière. Dans son portrait lithographié (vers 1825) par Crespy le Prince, Mme de Sparre porte déjà un voile léger flottant comme celui des châtelaines. Les robes à la châtelaine apparurent en 1830, avec les aumonières et les manches à crevés, à gigots, à béret, à l'imbécile, à la vénitienne, à la Louis XIII ou à la Sévigné.

Généralement, les atours de droguet catalan, de lampas burgrave, de velours bleu Benvenuto Cellini ou de satin Médicis se surmontèrent de coiffures à plumes, spécialité du friseur Normandin (1836), de bonnets luthériens (après les *Huguenots*) et de toques à crénaux. La toque détrôna le turban de Mme du Cayla, inventé par le coiffeur Hippolyte ; elle semblait le « signe intégral, l'affirmation absolue du moyen âge ». En leurs parures de Burty et Gazelin, de Victorine et Palmyre, de Saint-Laurent et d'Herbault, les élégantes faisaient un peu de scandale. « Elles ne songent qu'à se vêtir comme les impudiques Isabeau de Bavière et Marguerite de Bourgogne, au lieu d'imiter la modestie de Blanche de Castille », écrivit en 1832 un vicaire parisien à un col-

1. Balzac.

lègue de province [1]. Innocente impudeur, si l'on en croit les peintres [2]. Nous préférons saluer dans ces élégances fanées un culte naïf du passé, uni au goût délicat des bijoux rénovés par Froment Meurice et par ses émules.

En soirée, les « muses » tenaient leurs bouquets dans des porte-fleurs « gothiques ». Dans la vie courante, elles se surchargeaient de bracelets, de boucles d'or jaune ou pâle enchâssées d'améthystes, de grenats, de perles fines. L'ovale d'une boucle enserrait un pèlerin aux pieds d'une vierge du XIIIe siècle, une courtisane rêvait dans un cloître roman. Des anges bourguignons soutenaient le chiffre d'un monogramme ou la custode de cristal à laquelle on confiait les cheveux de l'homme adoré. A la ceinture s'agrafait la châtelaine, qui était à la parure ce que la toque fut à la coiffure. Les châtelaines se faisaient avec médaillons et pendentifs. Sur l'agrafe, on voyait souvent une jeune preuse partant chasser au vol avec son écuyer. Dans le champ de l'un des médaillons, deux seigneurs se défiaient pour l'amour d'elle, tandis que la rêveuse enfant attendait l'issue de la lutte dans l'oratoire de l'autre médaillon. Au pendentif, elle accordait sa main au chevalier vainqueur. Et comme les châtelaines ne pouvaient aller sans aumônières, dans leurs aumônières brodées de perles d'argent, les dames de 1830 abritaient mille boîtes, carnets, flacons à sels et à parfums moyen âge, montés à la « cathédrale », « historiés », parsemés de personnages Renaissance. Le moindre de ces objets valait un long poème. Froment-Meurice (1802-1855) les exécutait d'après des modèles de Feuchères, de Pradier, de David d'Angers. Sa vogue suivait celle des Bapst, de Fauconnier (1776-1839), de

1. Cité par M. Maigron (*Le Romantisme et la Mode*).
2. Sigalon, le *Billet doux*. Mottez, portrait de Mme Mottez en costume Louis XIII. Paris, portrait de Lady Blessington. Landser, portrait de la Duchesse de Bedford.

Franchet, bijoutier de la duchesse de Berry, de Lormeau, **de** Bernanda qui, le premier, utilisa le platine. Il avait pour rivaux Ch. Christofle (1802-1855), Dafrique, Duponchel (1795 ? 1868), Morel, Janisset, Jules Chaise (1807-1870), Le Cointe (an V-1849), Marchand, les frères Marrel, François et Jean-François Mellerio, Onizille et Lemoine (1784-1878 et 1791-1871), Jean-Paul Robin (1797-1869), Rouvenat (1809-1874), Rudolphi, Susse, enfin Hubert Obry (1808-1853), ce Barye de la joaillerie française... Ces artistes furent dans un petit domaine de grands maîtres **et** plus certainement encore d'étonnants virtuoses. Il semble bien que Jules Chaise qui lia autour de ses bracelets de souples et vivants feuillages, fit revivre l'esprit des sculpteurs de chapiteaux champenois, non en les plagiant en des réductions contestables, mais en s'inspirant de leur veine et en la poursuivant sincèrement.

IV

L'habitation.
La décoration intérieure, meubles et bibelots.

Cependant, quand on poursuivait avec une telle fureur l'idéal du moyen âge, l'on ne pouvait pas habiter une maison quelconque à cordons de sonnette en tapisserie, à concierge en bonnet grec. L'atmosphère « chaste et noble » des siècles révolus était incompatible avec un plafond décoré de pâtisserie en stuc ; elle ne se respirait largement que sous des voûtes au moins sexpartites. L'on chercha donc à se loger dans des immeubles présentables, c'est-à-dire à pans de bois et à pignons pointus. Au besoin, on en transporta, plus souvent, on en imagina et on en créa de toutes pièces. En 1822, la maison « de François Ier » quitta Moret pour le Cours-la-Reine ; en 1833, les arcades dissociées du château de Sarcus prirent, les unes, le chemin de Pouilly, les autres, la route de Nogent-les-Vierges dans le département de l'Oise, où elles sont demeurées. Rien n'effrayait un courage romantique, même la pensée de la mort. Les hommes de 1830 se préparèrent d'extraordinaires tombeaux [1]. Fait singulier, ces fervents admirateurs des Croisades n'édifièrent pas pour ainsi dire de monuments religieux. Au plus, peut-on citer la chapelle du Mont des Alouettes, construite entre les deux Vendées par la duchesse d'Angoulême en commémoration des guerres royalistes (1823), la chapelle royale de Dreux, rotonde Empire entourée d'un déambulatoire et de chapelles gothiques, et une chapelle latérale de la cathédrale d'Amiens. Par contre, nombreuses furent les résidences et les installations gothiques raillées par Louis Reybaud dans *Jérôme Paturot*.

La maison de l'ancien bonnetier n'a pas disparu. Il en existe des copies et des variations à Paris même, en divers quartiers, et ce fut, peut-être, l'architecte de Paturot qui introduisit dans un immeuble de Mansart, 15, place Vendôme, un paradoxal escalier Renaissance. Ces fantaisies procédaient du château d'Argenson et de la maison à créneaux de pendule que Mme Récamier, à défaut de Chateaubriand, habita après 1817, dans la vallée aux loups. De ces diverses constructions, la plus caractéristique se trouva être le « manoir Beauchesne », achevé en 1835 à Neuilly-Madrid pour le futur historien de Louis XVII. Rien ne manquait à ce Bagatelle romantique conçu par l'architecte Charpentier. L'escalier de Chambord y figurait en miniature ; un oratoire s'y

---

1. Tombeau du cimetière de Sens (Yonne). Cf. sur les tombeaux des cimetières parisiens, *Archives de l'Art Français*, année 1907.

nichait dans une tourelle en trompe ; des degrés en limaçon conduisaient à la salle d'armes et à la salle du conseil, où M. de Beauchesne défiait le ridicule, justement fier des phylactères déroulés
sur les murailles, des boiseries à serviettes, des tapisseries à salamandres, des plafonds à caissons fabriqués tout exprès pour lui.

Oh! qu'ici tout est bien gothique,
Les blasons,... les vitraux, l'honneur du maître aussi!

En réalité, les verrières du château de Madrid portaient surtout
les armoiries supposées de Ancelot, J. Lefèvre, Sainte-Beuve,
Henri Blaze, Jules de Saint-Félix et autres littérateurs.

La gendelettrie admirait jusqu'à la stupidité, le prétendu
moyen âge, dont on encombrait la voie publique, auquel on
ménageait un abri dans les demeures les plus modestes comme
sous les toits les plus fastueux.

Chevanard (1787-1884), Viollet-le-Duc (1814-1879) et Lassus
(1807-1857) rivalisèrent à concilier ces exigences de style avec
le confort anglais, si à la mode déjà. Chez la baronne Salomon de
Rothschild, l'on admirait une galerie gothico-renaissance, digne
de Chenonceaux. Au Pavillon de Marsan, le salon renaissance
de la Princesse Marie ouvrait sur le Carrousel ses fenêtres garnies
de vitraux pseudo-allemands et le tableau de Prosper Lafaye
(1818-1883) montre la combinaison de ses tentures, de ses bahuts,
de ses solives apparentes. La princesse Marie d'Orléans avait
aussi un oratoire, où « l'ensemblier » de son temps avait rapproché les caissons de Fontainebleau, une porte sculptée dans
la manière de Sambin, une clôture ajourée que l'on dirait provenir de Saint-Antoine de Compiègne, un lutrin sur pied contourné et des chaises XVIe siècle... Moindres personnages, enfin,
Roger de Beauvoir et Eugène Sue avaient meublé leurs salles à

manger, l'un suivant la mode François Ier, l'autre dans le style transitoire de Louis XIII.

A ces intérieurs il fallait un mobilier approprié, plus ou moins authentique. Dès l'origine du Romantisme l'on collectionna follement ! M. de Mesnard disait des appartements de la duchesse de Berry qu'ils ressemblaient à un bazar. Elle avait des faïences d'Urbino, des verreries de Murano, des vidrecomes d'or massif et croyait posséder les ciseaux de Charles IX ! Mais M. Lapeyrière, receveur général de la Seine, ne montrait-il pas la pendule authentique de Diane de Poitiers et M. Crawford « l'Americain », dont la vente après décès eut lieu en 1819, reconnaissait bien dans un Fouquet indéniable la main de Léonard de Vinci ! Le comte de Sommariva recherchait les primitifs italiens et le duc de Dalmatie laissait admirer sa galerie de maîtres espagnols. Il comptait parmi les amateurs les plus distingués avec M. Delessert, le chevalier de Bonnemaison, le baron de Jussand, MM. Durand, du Sommerard, Piot, Revoil.

Plusieurs de ces collections vinrent accroître le patrimoine français : en 1824, la collection Durand (émaux et vitraux), en 1826 la collection Revoil (objets mobiliers, armures, vases, tentures, étoffes, bijoux et instruments de musique). En 1843, l'État acquit le cabinet de Sommerard, fonds originel du musée de Cluny. Mais il n'était pas à la portée de chacun d'avoir, comme du Sommerard, un cabinet aussi obscur que l'antre du philosophe de Rembrandt, encombré de marbres à la Michel-Ange, de lits à colonnes, d'olifants, de morions, de cathèdres, tapissé de hautes lices, où le soleil s'accrochait à la panse luisante d'une poterie, glissait sur la couverture jaunie d'un évangéliaire. Les romantiques de fortune modeste n'assemblaient qu'en imagination

Rebecs, psaltérions, instruments hors d'usage.

Parfois une arbalète rouillée, des lambeaux de verdure suffisaient à l'évocation des siècles héroïques. Les plus favorisés mêlaient le gothique moderne du faubourg Saint-Antoine aux meubles vénérables de leurs pères et aux turqueries d'importation.

Dans *les Français peints par eux-mêmes*, Eugène Guinot décrit l'appartement d'une lionne. Cette jeune personne s'ébat dans une baignoire gothique. La marquise de Biron possédait en son hôtel de la rue Louis-le-Grand une couchette « pareille » à celle d'Isabeau de Bavière. Les lits gothiques n'étaient pas, à tout prendre, plus ridicules que les lits à bateaux dont ils partageaient la vogue. Ils se faisaient en racine d'orme ou en bois citron. Les courte-pointes et les rideaux étaient de soie blanche ou bleue, agrémentée vers 1830-1834 de broderies d'or à grecques. Les premiers avaient été établis aux environs de 1819. Quelques-uns sortaient du magasin de Vervelle aîné, 11, rue Neuve-de-Montmorency. Les autres se commandaient sur le conseil du décorateur Berthault, chez Senlis, Riballier, Tagini ou Mombro. Coüet, 15, rue de Vaugirard, avait adapté à la psyché l'allongement de l'ogive. Ses modèles, très variés, retenaient l'attention, mais c'était à Vervelle qu'allait la préférence des belles frivoles, lorsqu'il s'agissait de tricoteuses Renaissance, de boîtes à cachemires ou de l'acquisition d'un guéridon à rose. En effet, s'il y eut des secrétaires à tiers-point, des chaises à quadrilobes, des prie-Dieu flamboyants à décor d'acajou, argent, bronze et porcelaine peinte, tel que celui confectionné pour le mariage du roi d'Espagne (1829), s'il y eut, dessinées par Couët, de fines consoles et des bibliothèques de belle allure, des lavabos pour ablutions sommaires et des commodes incommodes, l'on se plut non moins à couvrir les guéridons de tablettes à rosaces de cathédrale, en marqueterie et incrustations. Parfois, on en fit en porcelaine et les rayonnages de la rose abritaient des sujets de chevalerie. Le décor à rose fut aussi employé pour les écrans contre le feu. A la clarté de l'âtre, ces derniers prenaient la transparence colorée d'une petite verrière.

Tout cela c'était le meuble moderne. Sous forme de stalles, de confessionaux, de buffets d'orgues, il envahit jusqu'aux sanctuaires (buffets de Châlons et de Reims par Arveuf, de Saint-Denis, par Debret et Blois, 1842 ; de Saint-Eustache, par Baltard, 1844). Mais il survint aussi des alliances d'ancien et de moderne. Les bahuts composites abondèrent. Et, s'il faut en dire quelque chose de plus, le moyen âge sévit jusque dans les tapis. Victor Hugo acquit, si on en croit les lettres de Van Engelgolm, un tapis figurant une scène du moyen âge.

De moindres personnes se contentaient de carpettes à la cathédrale. Tout d'ailleurs était à la cathédrale, les pendules, les huiliers, les veilleuses, les verres de table, les sucriers aussi... Quant à la décoration murale, elle fut moins abondante. Parmi les appartements décorés par des artistes comme Louis Boulanger, l'on cite la salle à manger de Mme Malher, sœur de Froment-Meurice. Ailleurs, l'on se contentait de tableaux, de gravures ou de lithographies, parfois d'aquarelles (*La famille du prisonnier* par A. Johannot [1]). Quelques priviligiés possédèrent des œuvres de Delacroix, de Bonington, de Decamps. Plus nombreux, se rencontraient les petits tableaux, ou les pochades signées de C^le Roqueplan (1855), Dévéria (1805-1856), A. de Chatillon (né en 1813), ou du paysagiste Camille Flers (1802-1856).

Sans les énumérer une par une, l'on peut du moins signaler, parmi les gravures ou lithographies les plus répandues : *La Ronde du Sabbat, Fantômes, La Chevauchée infernale*, de Louis Boulan-

1. Musée des Arts Décoratifs : Don Koechlin.

ger ; *Lenore*, de Tony Johannot, interprétation de la fameuse ballade allemande de Bürger, et les suites si variées et d'inégale valeur, issues de Notre-Dame de Paris.

Gravures et lithographies se montrèrent vite très envahissantes. La sculpture témoigna une moindre activité. Un seul maître incontestable parmi les sculpteurs dont l'édition répandit les bronzes : Barye (2 vendémiaire an IV-1875). Au pur point de vue de l'art, les autres ne comptent que comme seigneurs de minime importance. Leur personalité est plus intéressante que leurs œuvres. David d'Angers (1788-1856), Mlle de Fauveau, ne comptent plus guère que par leurs relations. Leur célébrité tient aux amitiés du premier, à l'esprit aventureux de la seconde (1802-Florence ?). L'on connaît un peu Jehan du Seigneur (1808-1866) par son *Roland furieux* du Louvre, mais sans l'histoire du Romantisme de Théophile Gautier, qui pourrait encore citer Barre (1811-1896), Antonin Moine (1796-1849), Préault (1819-1879), Triqueti (1804-1874) ? La princesse Marie d'Orléans (1803-1839) doit sa réputation discrète, mais durable, à une jolie sensibilité juvénile, mais quels inconnus sont Adam Salomon (1818-1881), Louis Auvray (1810-1890), Barré (1803-1874), Brian (1805-1864), Candron (1805-1848), De Bay (1779-1863), Dieudonné (1795-1873), Du Locle, dit Daniel (1804-1884), les frères Duthoit (1805-1869 et 1807-1874), Gatteaux (1788-1881), Grevenich (1802-1847), Elschoecht (1797-1856), Flatters (1786-1845). Cependant, leurs maquettes et quelques-uns de leurs petits sujets voisinèrent, en place d'honneur, auprès ou en lieu des bronzes de Barye : *Charles VI dans la forêt du Mans, Cavalier XVe siècle, Angélique et Roger, Gaston de Foix, Paysans moyen âge.* Barye, modelant leurs modèles, s'avéra visionnaire. Ses modestes émules ne réussirent pas à se dégager d'eux-mêmes ou, comme Dévéria en peinture, retombèrent platement après un coup de maître à

jamais isolé (Du Seigneur). Les ciseleurs et les orfèvres l'empor-
tèrent sur eux aux yeux de la postérité.

A l'exposition de 1839, le moyen âge triompha dans la classe
de l'orfèvrerie. Là aussi, l'origine du mouvement était lointaine.
Pendant que ses confrères s'attachaient surtout à la solution de
problèmes techniques (plaqué anglais pratiqué par Levrat, Papi-
naud et Christofle, procédés inspirés de ceux des bronziers),
Odiot montrait une transposition en argent du Charles IX de
Bosio, et Cahier, encouragé dans cette voie par son frère, le R. P.
Cahier, s'adonnait activement à l'étude des formes gothiques et
du XVIᵉ siècle. Fauconnier le suivit bientôt dans cette voie.
Comme Cahier il emprunta les éléments de ses travaux aux publications de la librairie Duchesne aîné. A partir de 1830, l'orfèvrerie
suivit résolument les caprices de la mode. Une collaboration sans
cesse plus intime s'affirma entre les sculpteurs et les orfèvres
Wagner, Niorel, Duponchel, Froment-Meurice, dont certains
étaient en même temps bijoutiers. Des sculpteurs, celui qui
exerça le plus d'influence sur l'art du métal fut Feuchères.
Klagmann (1810-1887), Geoffroy de Chaumes, Triquetti († 1852),
donnèrent aussi de beaux dessins pour l'orfèvrerie, et Chena-
vard, possesseur d'objets du XVᵉ siècle et du XVIᵉ siècle, mêla
leurs formes diverses en des modèles qu'ils croyaient originaux.

Cependant, les ciseleurs poursuivaient à leur façon la tradition
de Thomas Germain. Le métal se prêtait aux outils de Mulleret,
des frères Fannière, de Dalbergue, Deubergues, Poux, Fauque,
Garnier, de Vechte, enfin, qui, né en 1800, poussa les ressources de
son art au delà des limites possibles. On hésite, devant l'abon-
dance des œuvres dues à ces collaborateurs de marque : théières
et cafetières d'Odiot (entre 1830 et 1848), vases, bijoux, armes,
coupes, coffrets de Wagner, coupe de « Bernard Palissy », sceau
à glace de la collection Sabatier d'Espeyran par Froment-Meu-

rice, vase du duc de Luynes (1836), bouclier de la « chevauchée »
par Vechte. Les citer au hasard, c'est, fatalement, être injuste, et
il est impossible d'être complet.

Les boucliers des orfèvres étaient une des fantaisies au moins
bizarres de l'époque. On en trouvait dans la plupart des intérieurs, et c'est par le tableau de l'un de ces intérieurs que nous
voudrions terminer ce chapitre. Rue d'Anjou-Saint-Honoré,
rendons visite à la princesse Belgiojoso : « Une vraie série de
catalfaques ! Un nègre à turban, en jupons de brocart comme un
personnage de Véronèse, vous introduisait dans un oratoire
gothique orné de têtes de morts et d'ossements en croix. Le salon
suivait, tendu de velours noir semé d'étoiles d'argent, avec les
meubles assortis et de même gaieté... Le décor mortuaire repre-
nait dans la chambre à coucher tout habillée de soie blanche,
comme la chapelle ardente d'une vierge, avec candélabres et
flambeaux d'argent, lit de parade en ébène incrusté d'ivoire
exhaussé sur trois marches à la façon d'un cénotaphe ». Souvent
la princesse Belgiojoso, « Christine au sourire divin », mollement
étendue sur un sopha, le narguilé aux lèvres et couronnée de
fuchsias, y accueillait ses adorateurs. Chez la bourgeoise romantique et rêveuse, c'étaient les romances d'Hippolyte Monpou
que l'on trouvait abandonnées sur une table auprès de menus
objets de Sèvres ou de Limoges, de Dagoty ou de Jacob Petit.
L'illustre aventurière, elle, rejetait dédaigneusement sur le cous-
sin de ses lévriers les plus beaux livres, porteurs des plus belles
dédicaces, revêtus des plus précieuses reliures.

V

Les livres moyen âge. — Illustrateurs.
Relieurs. — Conclusions.

La somme de l'art moyen âge de 1818-1830, c'est dans l'illustration, le livre, la reliure qu'on la trouve. Aquafortistes, xylographes, lithographes rivalisèrent dans l'interprétation des réminiscences féodales. Grâce à l'*Artiste*, qui parut en 1831, au Musée d'Alex. Descamps qui naquit en 1834, au *Magasin pittoresque*, dont la diffusion remonte à 1840, ils connurent une très brillante fortune. La xylographie, particulièrement, s'était rénovée par la substitution de la taille de « bout » à la taille « sur bois de fil ». Procédant de Ch. Thompson, les principaux graveurs sur bois furent Perret (Lille, vers 1800) et Rambert, dont la virtuosité traduisit les vignettes destinées par E. Johannot à *l'Histoire du Roi de Bohême et de ses sept châteaux* et à celle de *Don Quichotte* (1836). A leur suite marchaient Jean Bert (de Toul), Brévière, Lacoste, Lavieille, Lavoignat, Piaud, Porret et Verdeil.

Quant à la lithographie inventée en 1796 par Senefelder (Prague, 1771, Munich 1834), son principal monument fut et restera *les Voyages en France* du baron Taylor, gros volumes embellis des encadrements de Viollet le-Duc et des compositions d'Isabey père, Ciceri, Bonnington, Atthalin, Villeneuve, Nanteuil, Jean Gigoux, Feuchères, images pittoresques et cependant fidèles des trésors d'art de nos provinces. Mais là ne s'était pas arrêté l'effort des artistes.

Répondant au cor d'Hernani, la plupart d'entre eux s'étaient formés en bataillons serrés pour relever encore de la verve de leur crayon ou de leur pointe les livres contemporains. Dans cette petite armée, Tony Johannot, Nanteuil et Devéria figurèrent de hardis capitaines. Des trois chefs, Célestin Nanteuil était assurément le plus moyenâgeux. « Avec une merveilleuse facilité d'appropriation, il s'était assimilé l'anatomie anguleuse des armures, le galbe extravagant des lambrequins, les ramages des jupes armoriées, l'attitude hautaine du baron féodal, l'air modeste de la châtelaine, la physionomie papelarde du gros moine chartrier... Il savait faire mordre le ciel par des architectures hérissées de tours, de clochetons, d'aiguilles de cathédrales accroupies au milieu de leurs arcs-boutants comme des araignées au milieu de leurs pattes... » Sa plus belle période correspondit aux années 1832-1838 (frontispices de *Notre-Dame*, de *Bug-Jargal* et de *Marie Tudor*). Ses compositions ne peuvent se rapprocher que des vignettes dont Tony parsema Notre-Dame, avec son frère Alfred Johannot, Raffet, Rouargue et Boulanger, des *Messéniennes* ajoutées par Devéria, à celles de Casimir Delavigne, et des beaux dessins du même Devéria, auxquels les poésies de Mme Tastu doivent de n'avoir pas entièrement péri. Lamud, Penguilly-Sandoz, Granville, Bertall (*Aventures du Prince Chenevis et de sa jeune sœur*), Jean Gigoux (*Gil Blas*, 1835), Desame (l'*Aminte* du Tasse), Delacroix (*Hamlet*, 1843), Karl Girardet, Trimolet furent les autres illustrateurs romantiques, et ce n'est pas un paradoxe d'adjoindre Victor Hugo à leur brillante phalange. Souvent il jeta sur le papier les idées de ses livres ou de ses vers moyenâgeux. Il avait un tempérament de peintre d'une incroyable robustesse et les imaginations de Nanteuil pâlissent auprès de ces compositions saisissantes : *Le burg à la croix, le burg à l'orage, la Tour des rats.*

Dans le domaine si large du livre, l'illustration n'était point seule tributaire du goût moyen âge. Ce dernier scellait d'un motif encore et toujours « à la cathédrale » les couvertures bleues, vertes, jaunes, blanches et or ou polychromes des ouvrages édités par Renduel, Brissot, Fournier jeune, Labitte, Ladvocat, Ollivier, Paulin, Pavie, Pélicier ou Renouard et Cie. Très souvent leur contenu répondait à leur contenant soit par l'inspiration (*Bug Jurgal*, 1826 ; *La Jacquerie* de Mérimée, 1828 ; *Notre-Dame de Paris*, 1831 ; *Albertus*, 1833), soit par la facture. La période 1820-1840 se signala, en effet, par la luxueuse publication de monuments de notre ancienne littérature. Fabliaux, anthologies, chroniques furent présentées en texte gothique avec bordures gravées sur bois (*Cornements des cornars*), vignettes et fleurons « imités des manuscrits originaux » (*Contes du Gay Scavoir*), quand ce n'était pas avec des planches hors texte et des lithographies « dans le style des livres d'heures » (*Cérémonies des gages de bataille*, 1830). L'on alla presque jusqu'au *fac-similé* : *Roman de la Violette* de Gérard de Nevers.

A ces grands livres, se rattachent les « Keepsakes », petits recueils où poésies et légendes et récits de voyage se mêlaient de façon fantaisiste aux aciers anglais d'après Turner, Melville, Franklin, E. J. Parris, Stephanoff, Miss L. Sharpe, A. S. Chalon, Liversee... Mais qui ne connaît le *Keepsake fantastique* d'Aloysius Bertrand, publié par Sainte-Beuve après la mort du pauvre poète ? Qui ne se délecte encore des *Heures de Récréation* ou du *Keepsake français*, édité en 1837-1838 par Delloy Desné et Cie à Paris et à Londres ? Certains de leurs exemplaires sont revêtus de précieuses reliures qui leur prêtent grande valeur. Un florilège des relieurs romantiques réunirait les noms de Bozérian jeune et de Duplanil, de Ottman et de Simier, de Trautz et de Thouvenin. Après un temps d'oubli, leur réputation est aujourd'hui solide...

Un temps d'oubli... Un rapide discrédit, en effet, succéda à l'engouement trop grand... A la chute des *Burgraves* (1843), le public se désintéressait déjà du moyen âge. Les circonstances politiques de la fin du règne de Louis-Philippe, la révolution de 1848, l'avènement de l'esprit scientifique sous le second empire achevèrent d'en éloigner la masse. En vérité, la réaction était commencée depuis quelque temps. Dès 1836, Dupuis et Cotonnet avaient découvert que la forme ancestrale du romantisme était « une manière d'attrape-nigaud, fabriqué avec du vieux neuf,... le tout si adroitement recollé et redoré que les badauds bayaient aux corneilles devant l'étalage, sans s'apercevoir que les étiquettes n'avaient aucun sens ». A l'exemple du Musset d'après George Sand, plus d'un médiéviste purgea sa bibliothèque et monta ses idoles au grenier. Théophile Gautier se confina dans la contemplation d'une beauté idéale et formelle. Les petits maîtres qui furent les grands hommes des « Jeune France » se dispersèrent ou végétèrent. La province en accueillit quelques-uns ; l'administration assura à plusieurs autres le pain bis de la médiocrité. Ceux qui poursuivirent le combat ne purent plus qu'évoquer le bon temps autour des poëles d'atelier, pendant les veillées d'hiver. Ils n'étaient plus suivis. Leurs vingt ans s'étaient évanouis, et avec eux, l'ardeur, le désir de s'étourdir et d'étourdir, de sortir de soi-même et de se déguiser qu'éprouvent les grands enfants. Car, à tout prendre, le romantisme médiéval fut une mascarade à laquelle la jeunesse se prêta. Il ne fut pas le romantisme tout entier. Altération d'une grande pensée érudite et d'un noble désir de remonter le cours des âges, il n'en constitua qu'une très minime partie. Il serait stupide, en parlant de lui, de conclure du particulier au général. Mais on peut essayer d'indiquer les causes de son avortement.

Tout d'abord son anachronisme. Ensuite ses inspirations cosmopolites, inconciliables avec la mentalité française dont seule

*

la culture méditerranéenne peut assurer la santé. **Enfin, son illogisme, non seulement pratique, mais surtout esthétique.** Que ce fût dans le meuble, le costume ou le bijou, il visa toujours à des effets de transposition littéraire. C'est ce qui explique la facilité avec laquelle on s'y pouvait adapter. Gautier qui s'y connaissait, a donné la recette du jeune homme moyen âge, du poète moyen âge, de l'intérieur moyen âge. Il s'agissait d'être original. De manière générale, on ne fut que grotesque ou excentrique. L'originalité ne peut se concevoir sans la tradition et ce fut la tradition de métier qui sauva certains arts très techniques (orfèvrerie, reliure) de l'esprit de bric à brac qui distingue dans son ensemble le style historique ou troubadour. Ses autres manifestations sont curieuses. Elles ne sont pas belles. Elles n'ont pas le pouvoir d'évocation qui s'attache à un meuble de style classique, à un huchier lorrain, à une armoire alsacienne. Pendules, bracelets, tables de nuits à ogives, biscuits de Sèvres ou de Limoges, sont des pièces vieillies, qui ne deviendront jamais anciennes. Les unes et les autres sont nées sous le signe changeant de la mode au lieu de résulter de l'accommodation des formes aux besoins. Le goût changeant avec le caprice, elles se sont naturellement démodées. C'est à ce point de vue accidentel qu'il convient de se placer pour les équitablement juger. Telle disposition porte à l'indulgence, souriante et charmante et sceptique vertu.

NOTE

Pour ce petit travail qui n'envisage que quelques-uns des aspects du romantisme historique dans ses rapports avec l'Art Décoratif, l'on a utilisé surtout les documents et ouvrages suivants :

1. *Documents d'Archives* : Archives de la Commission des Monuments historiques (non inventoriées), de l'Opéra (fonds Despléchin et Cambon). Albums et Découpures de la Bibliothèque de l'Union Centrale des Arts Décoratifs.

2. *Journaux et périodiques* : principalement l'*Artiste* (à partir de 1831), le *Magasin pittoresque* (à partir de 1833) et la collection complète du *Journal des Débats* (à la salle de lecture publique de la Bibliothèque nationale).

3. Parmi les ouvrages imprimés, études, correspondances, souvenirs, l'on peut utilement consulter sur la question : Asselineau : *Bibliographie romantique*, Paris, 1872, in-8⁰. — Balzac : *Œuvres (passim)*, édition collective de Michel et Calmann-Lévy, Paris, 1869-1876, 24 volumes in-8⁰. — Benoît : *L'Art français sous la Révolution et l'Empire; les doctrines; les idées et les genres*, Paris, 1897, in-4⁰. — Beraldi : *la Reliure au XIXᵉ siècle*, 4 volumes, petit in-4⁰, Paris, 1894-1897. — Ch. de Boigne : *Petits mémoires de l'Opéra*, Paris, 1857, in-12. — Bossert : *Histoire de la Littérature allemande*, 6ᵉ édition, Paris, Hachette, in-16. — Bouchot : *Le Luxe sous la Restauration*, Paris, in-4⁰, 1893. — Brès : *Souvenirs du Musée des Monuments français*, Paris, 1921, in-f⁰. — Carteret : *Trésor du Bibliophile romantique et moderne*, Paris, 1924-1925, 2 volumes in-4⁰. — Champfleury : *Vignettes romantiques*, Paris, 1883, in-4⁰. — Champin : *Intérieur de quelques personnages de ce temps*, petit in-f⁰ sans date (au cabinet des Estampes, sous la cote Dc.211.b). — Chateaubriand : *Génie du Christianisme*, Paris, an X (1802), 5 volumes in-8⁰. — Courboin : *Histoire illustrée de la gravure en France*, Paris, 1923, 3 volumes (1 vol. in-4⁰, 2 vol. in-f⁰). — Courajod : Alexandre Lenoir, *son journal*, et le *Musée des Monuments français*, Paris, 1878-1887, 3 volumes in-8⁰. — Th. Gautier : *Histoire du Romantisme*, Paris, 1874, in-12. — *Les Jeune France*, Paris, Renduel, 1833, in-f⁰. — *Histoire de l'Art Dramatique en France depuis vingt-cinq ans*, Paris, 1853-1859, 6 volumes in-12. — Goncourt : *Gavarni, l'homme et l'œuvre*, Paris, 1873, in-8⁰. — Guilhermy : *Monographie de l'Église Royale de Saint-Denis*, 3ᵉ édition, Paris, 1891, in-18. — A. Houssaye : *Œuvres (passim)*, édition collective, Paris, 1860-1867, 8 volumes in-8⁰. —

Hittorf : *Description des fêtes et cérémonies du baptême du duc de Bordeaux*, Paris, 1827, in-f⁰. — V. Hugo : *Œuvres* (*passim*) et pplt : *Théâtre, le Rhin, N.-D. de Paris*, édition Hetzel, Paris, 1880-1889, in-8⁰. — Jullien : *Le Romantisme et l'éditeur Renduel*, Paris, 1896, in-18. — Lamartine : *Le Chant du Sacre ou la Veille des Armes*, Paris, 1825, in-8⁰. — Lami : *Album du quadrille de Marie Stuart*, Paris, 1829, in-f⁰. — Lanson : *Histoire de la Littérature française*, Paris, 1924, in-16. — Paul Léon : *Les Monuments Historiques*, Paris, 1917, in-4⁰. — Lecomte : *Lettres de Van Engelgolm*, réédité dans la collection des *Chefs-d'œuvre méconnus*, Paris, 1925, in-16 grand aigle. — Maigron : *Le Romantisme et la Mode*, Paris, 1912, in-8⁰. — Rochegude : *Guide pratique à travers le Vieux Paris*, Paris, Champion, sans date, in-16. — Simond : *Paris de 1800 à 1900 d'après les estampes et mémoires*, 3 volumes in-4⁰, Paris, 1899-1903. — Vever : *La bijouterie française au XIX⁰ siècle*, 3 volumes in-8⁰ jésus, sans date.— *Un Anglais à Paris*, notes et souvenirs anonymes traduits de l'anglais, par J. Hercé, 2 volumes in-12, Paris, 1893-1894, etc..., etc.

4. Enfin, les principales collections relatives à l'art de 1830 se trouvant Place des Vosges au Musée Victor Hugo et au Musée des Arts Décoratifs (donation Quentin-Bauchart).

TABLE DES PLANCHES

de Tony Johannot pour l'illustration de *Notre-Dame de Paris*.

XXX. Composition de Trimolet pour la chanson du « fameux La Palisse », Musique de H. Collet. Extrait des Chants populaires de la France par Dumersan et Collet.

XXXI. Reliure à la Cathédrale, par Thouvenin (1831). (Communiqué par M. Raymond Chasles).

XXII. Reliure à rosace et à la Cathédrale par Simier (1829).

TABLE DES MATIÈRES

MACON, PROTAT FRÈRES, IMPRIMEURS. — MCMXXVIII.

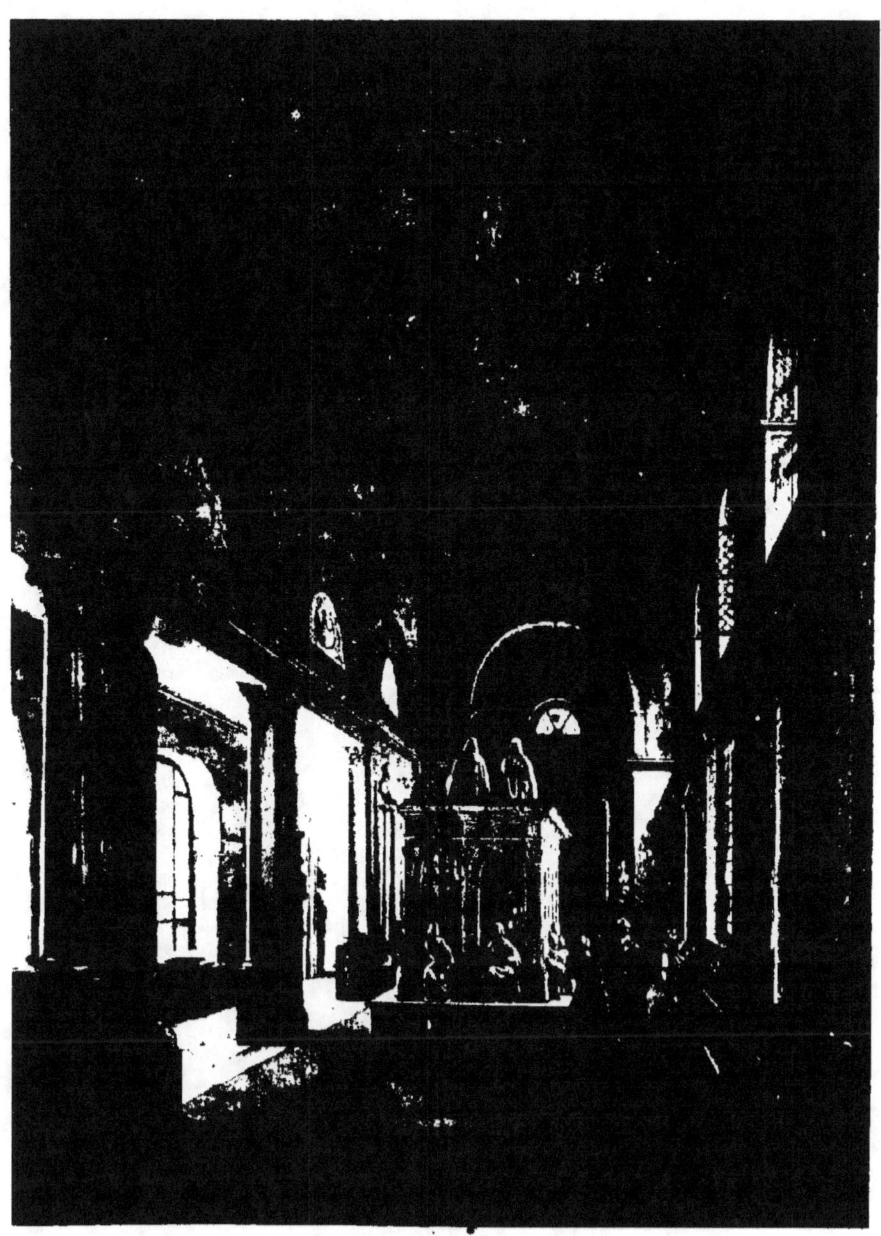

Le Tombeau de Louis XII au Musée des Monuments français.
Tableau de Mestrallet.
(Musée Carnavalet.)

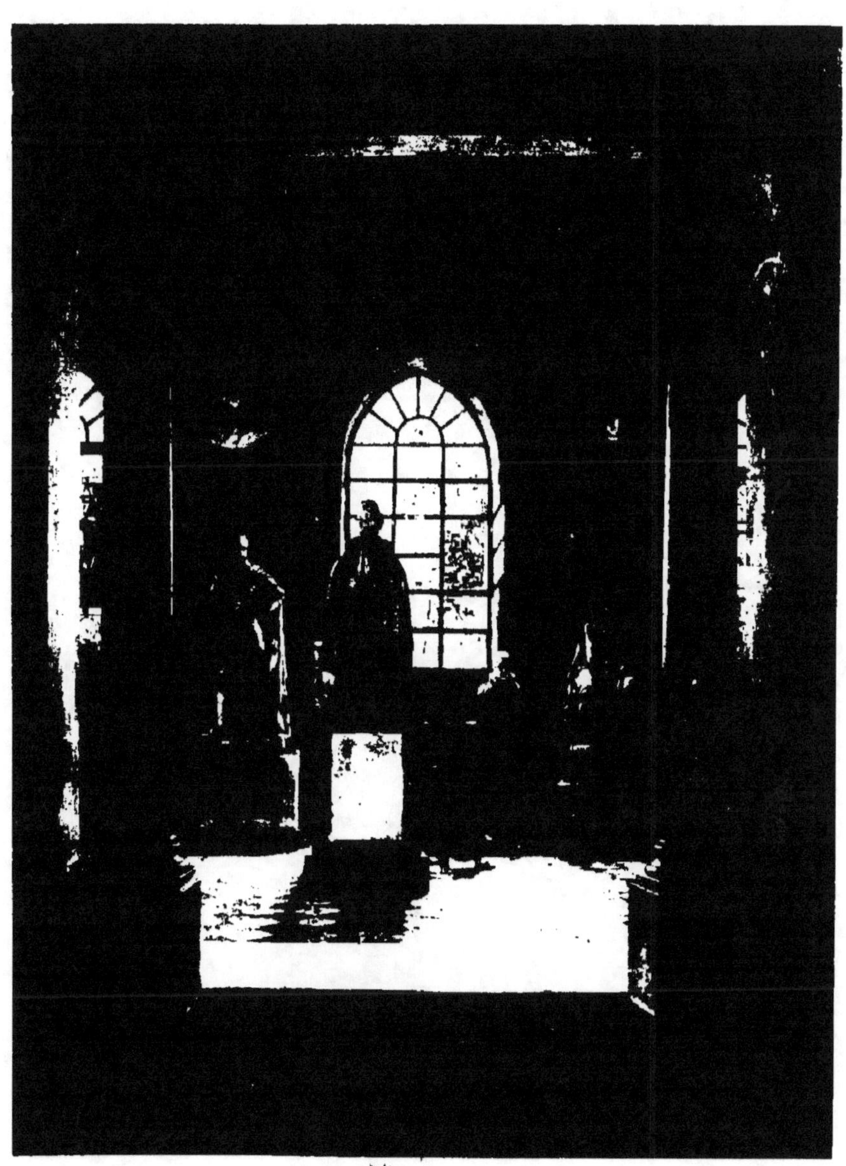

Vue de l'une des salles du Musée des Monuments français
Tableau de Cochereau.
(Musée Carnavalet. Don de M. Marquet de Vasselot)

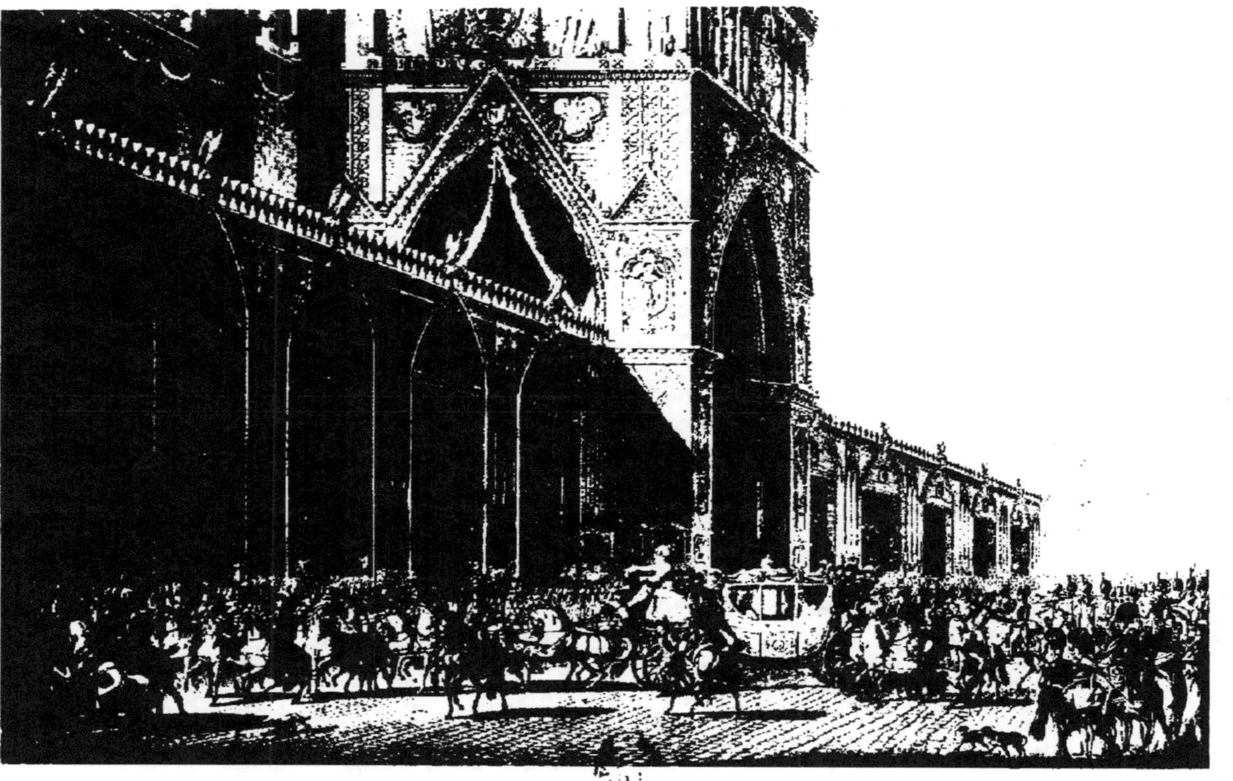

Décoration gothique de Notre-Dame de Paris
pour le sacre de Napoléon I.
Gravure de Dupréel d'après Isabey et Fontaine.
(Chalcographie du Louvre)

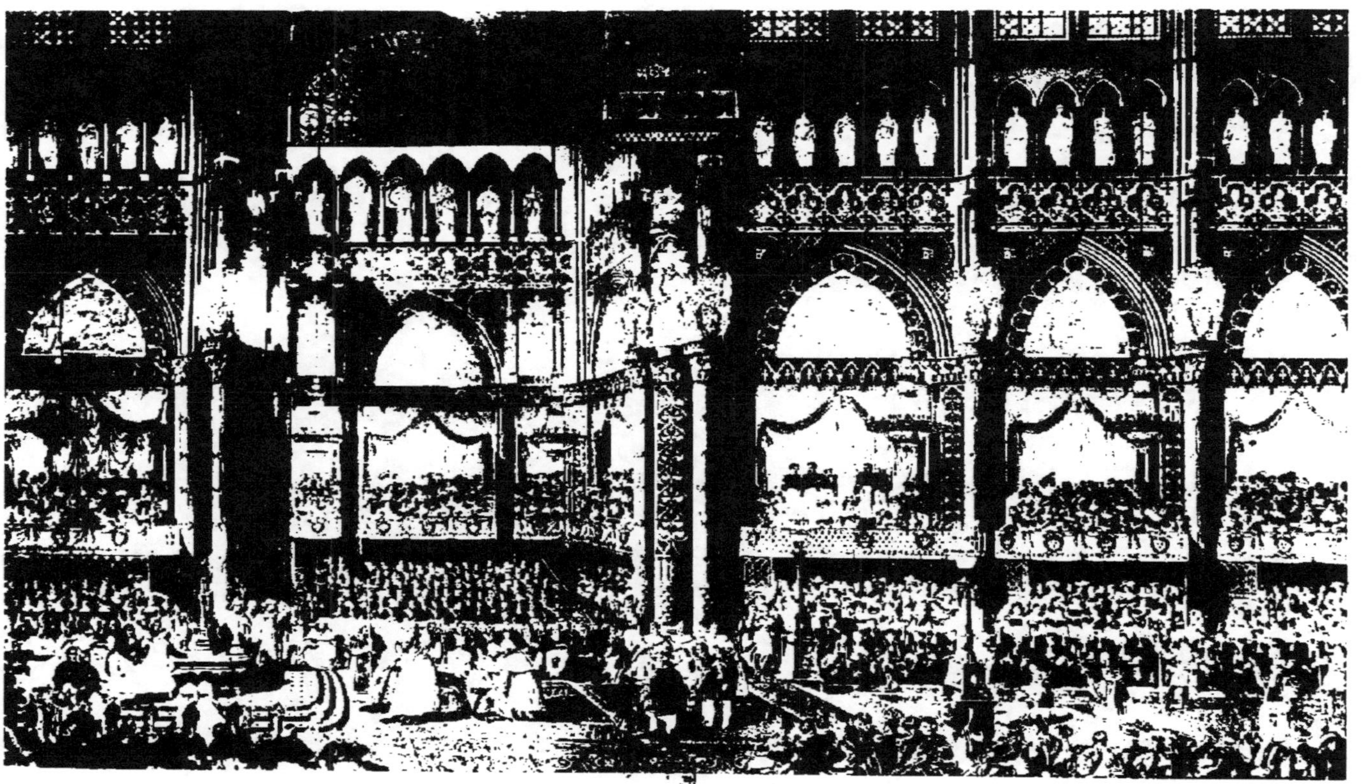

Sacre de Charles X (1825).
Décoration intérieure de la Cathédrale de Reims.
Gravure de Bein et Dormier.
(Chalcographie du Louvre.)

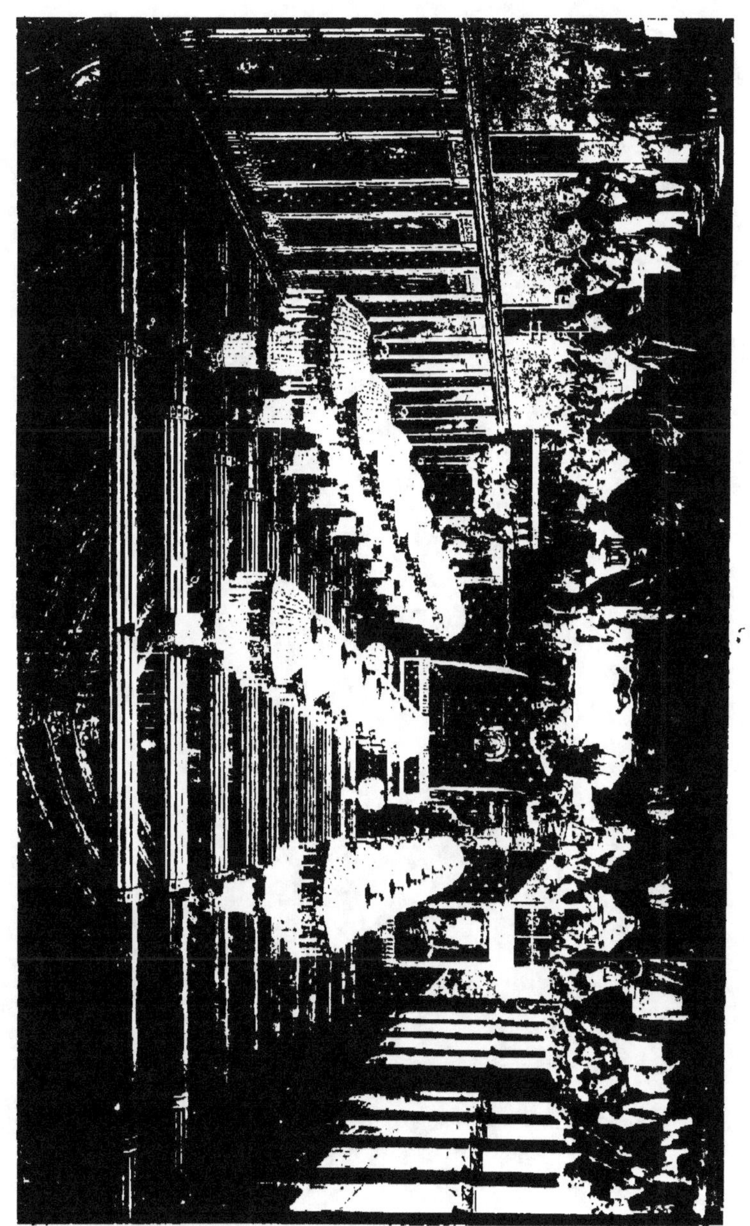

Le Festin du sacre de Charles X à l'archevêché de Reims, 1825.
(Chalcographie du Louvre.)

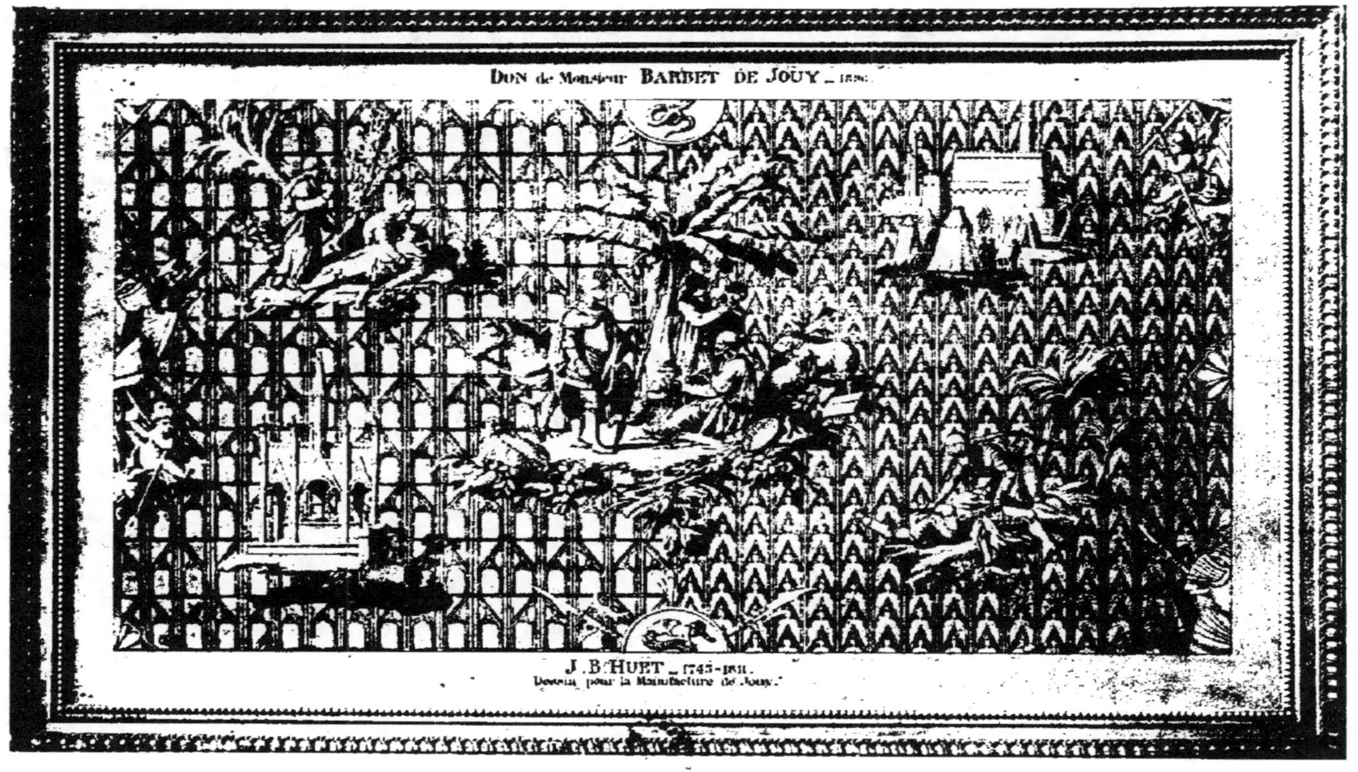

Modèle de toile de Jouy à sujets moyennageux,
exécuté par J. B. Huet sous le Ier Empire.
(Musée des Arts décoratifs)

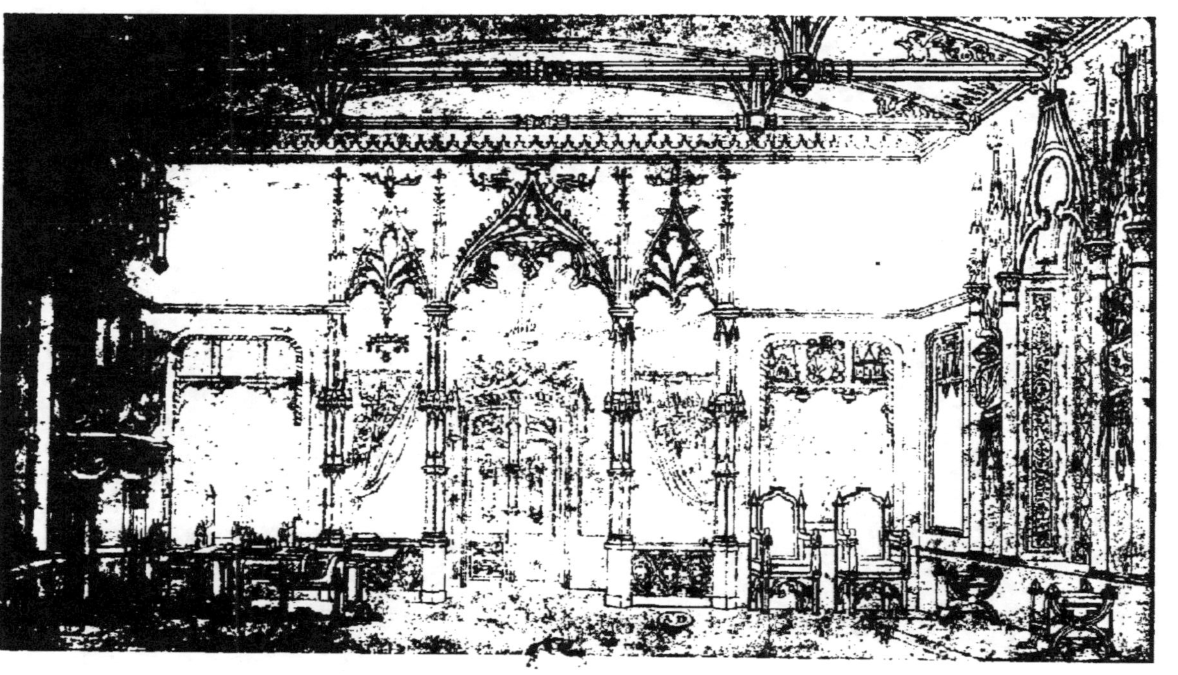

Salle gothique.
Maquette de décor romantique composée par Chenevard
(Musée des Arts décoratifs.)

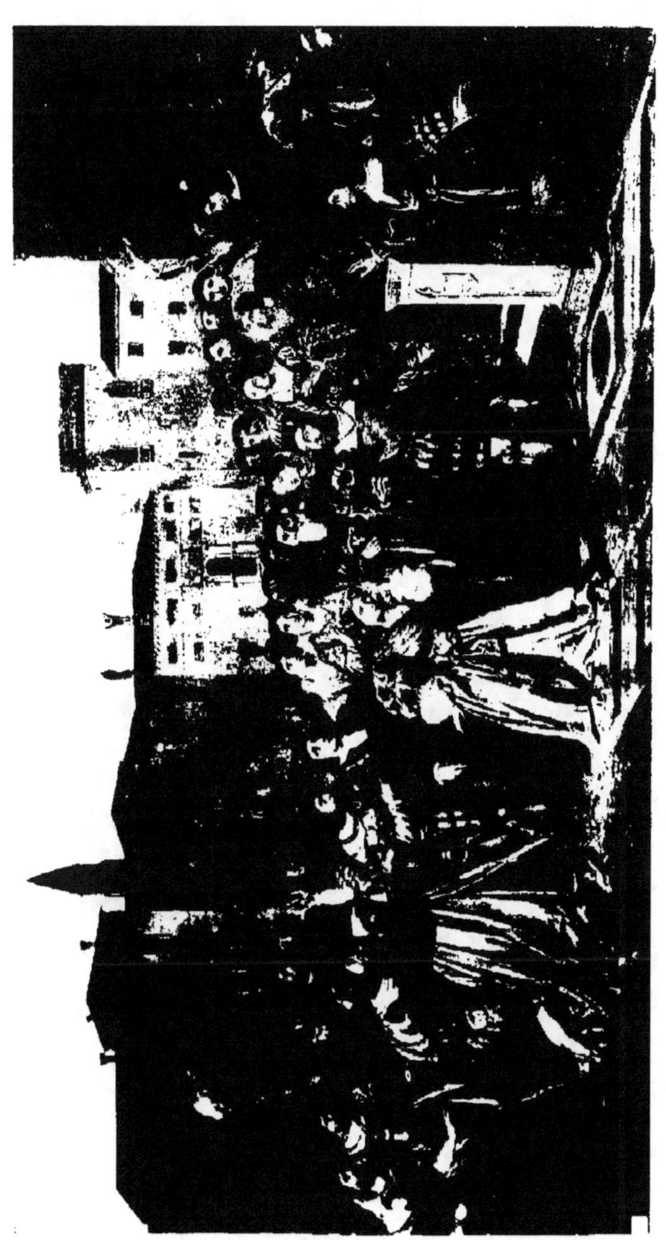

Scène de Lucrèce Borgia.
Tableau de Louis Boulenger.
(Musée Victor Hugo.)

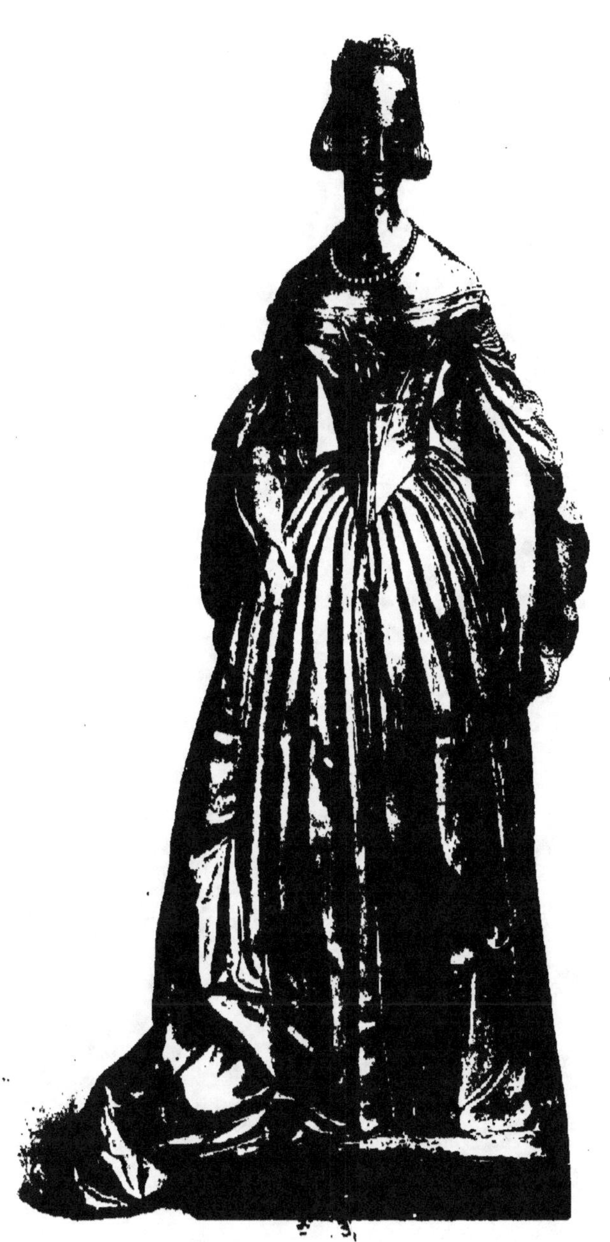

Portrait présumé de Mme Stolz dans le rôle la Reine de Chypre.
Statuette en métal argenté.
(Musée des Arts décoratifs)

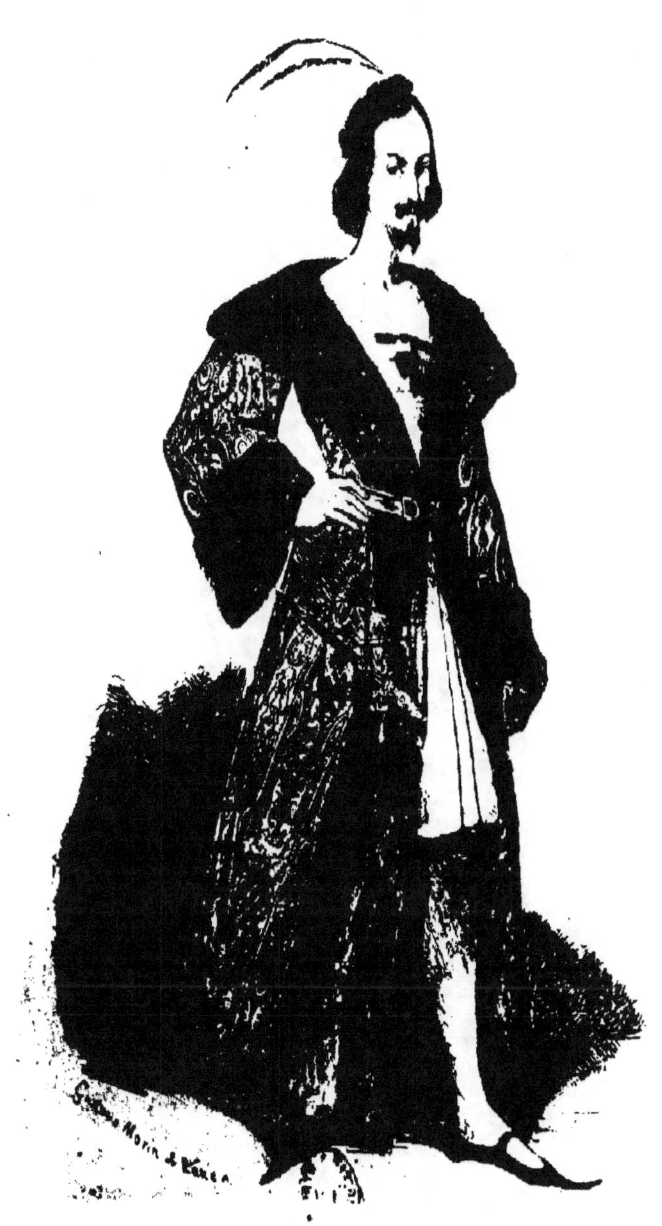

Portrait de Mélingue.
Fac similé d'une eau-forte de Gustave Morin.
(Extrait des *Vignettes romantiques* de Champfleury.)

Hélio. Faucheux et Fils Cheiles

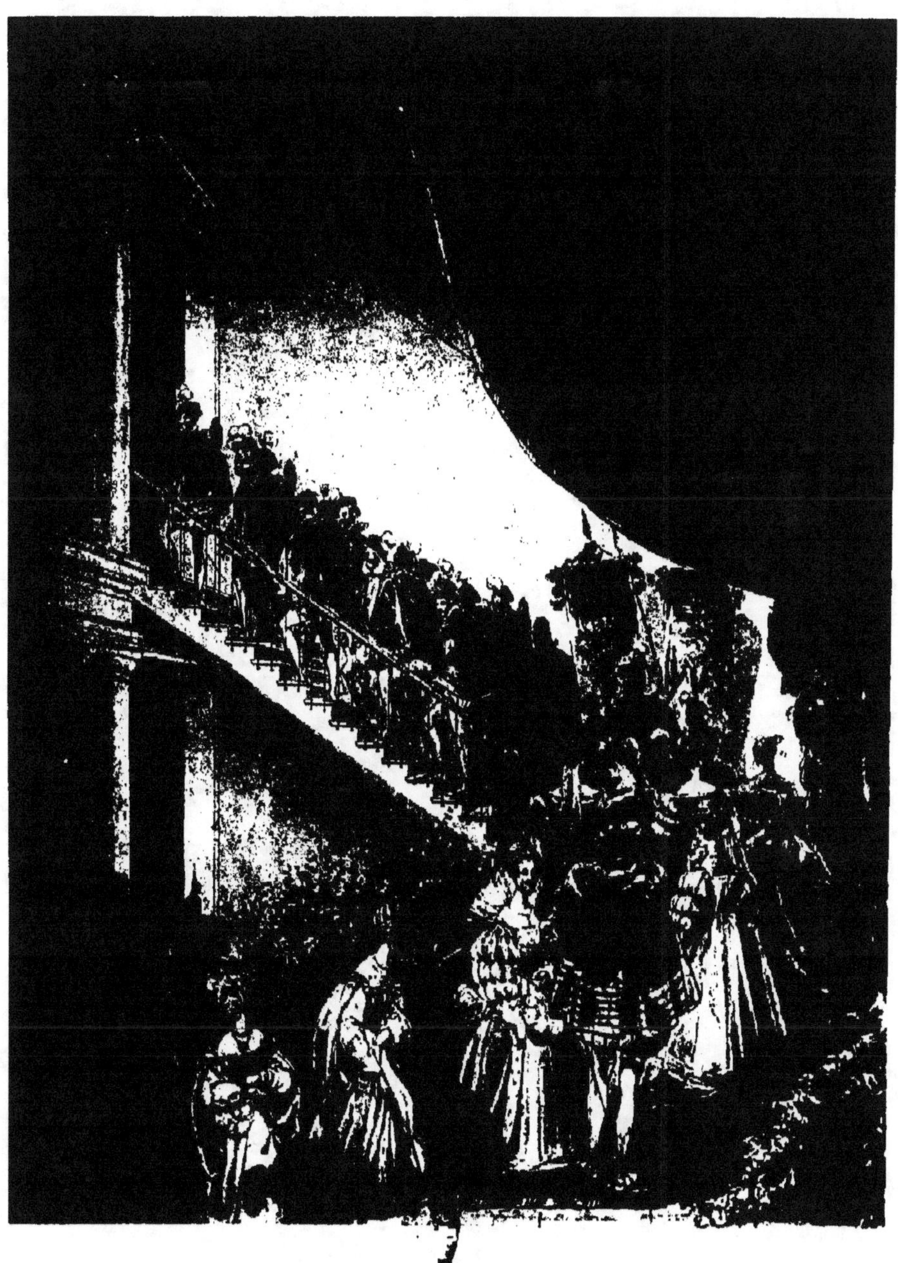

Quadrille de Marie Stuart.
La montée de l'escalier du Pavillon de Marsan.
Composition d'Eugène Lami.
(Bibliothèque Nationale, Cabinet des Estampes.)

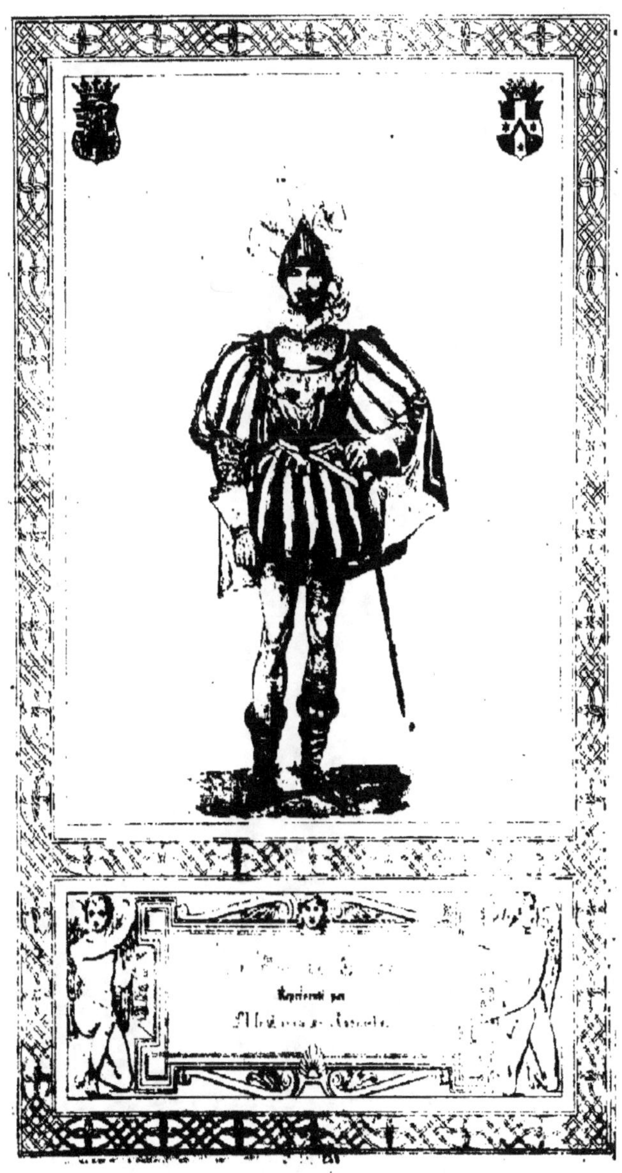

Quadrille de Marie Stuart.
Le comte de Rosambo en duc de Guise
d'après l'aquarelle d'Eugène Lami.
(Bibliothèque Nationale, Cabinet des Estampes.)

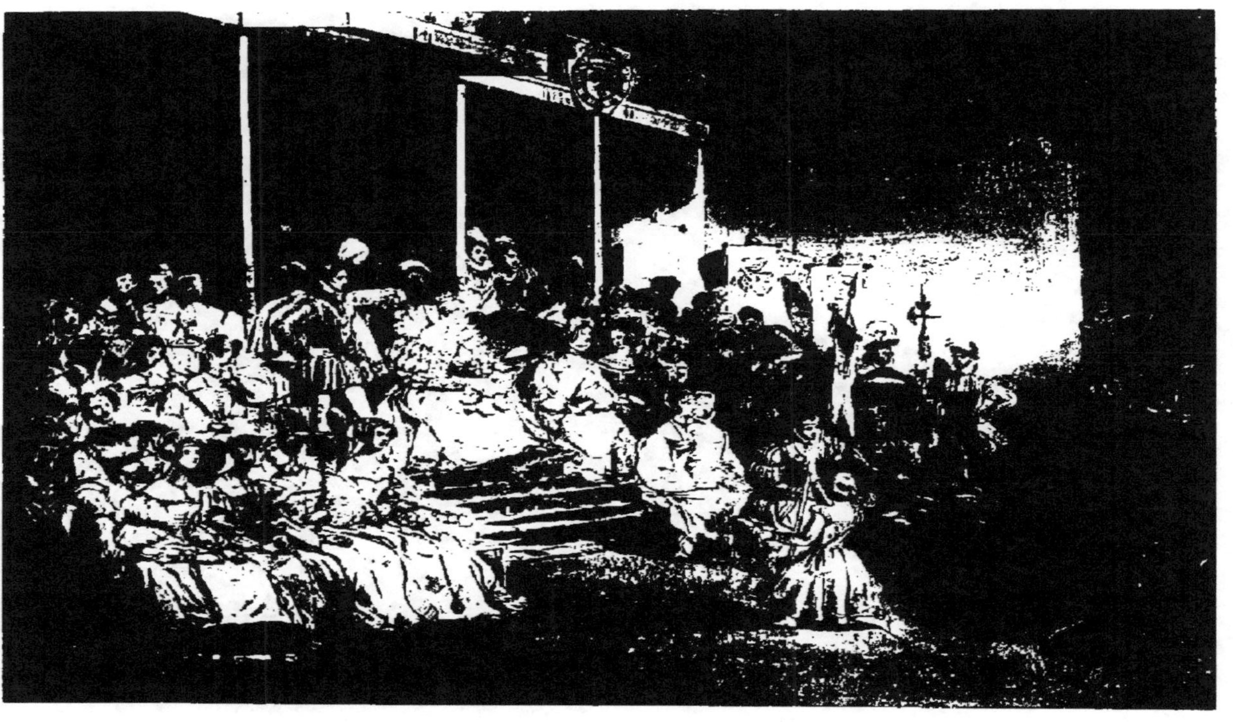

Quadrille de Marie Stuart.
L'estrade.
Composition d'Eugène Lami.
(Bibliothèque Nationale, Cabinet des Estampes)

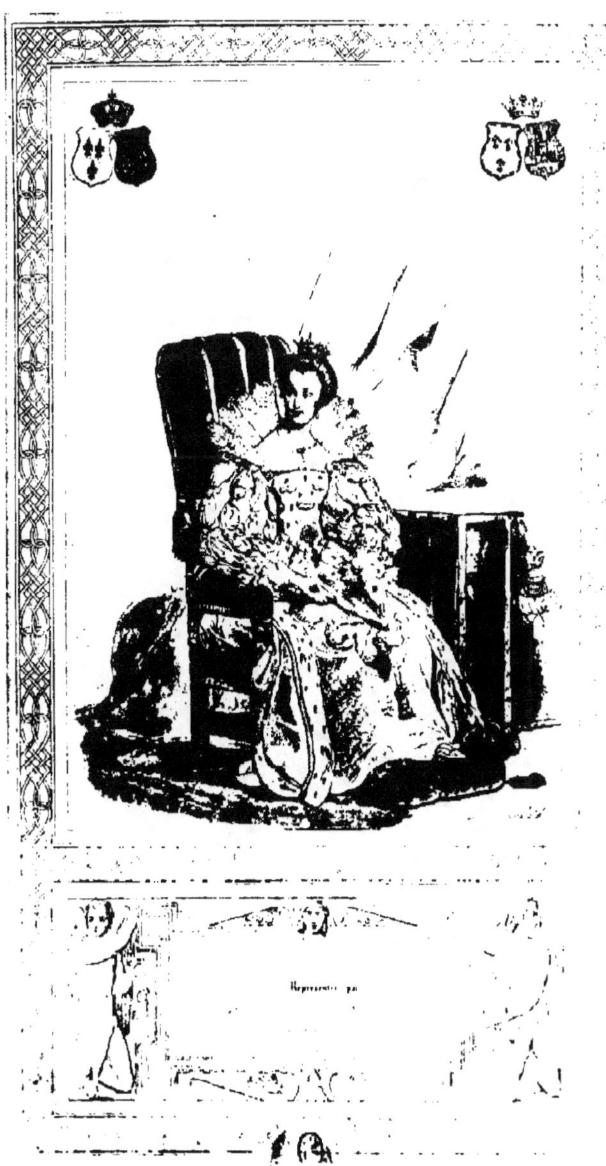

Quadrille de Marie Stuart.
La duchesse de Berry en Marie Stuart.
d'après l'aquarelle d'Eugène Lami.
(Bibliothèque Nationale, Cabinet des Estampes.)

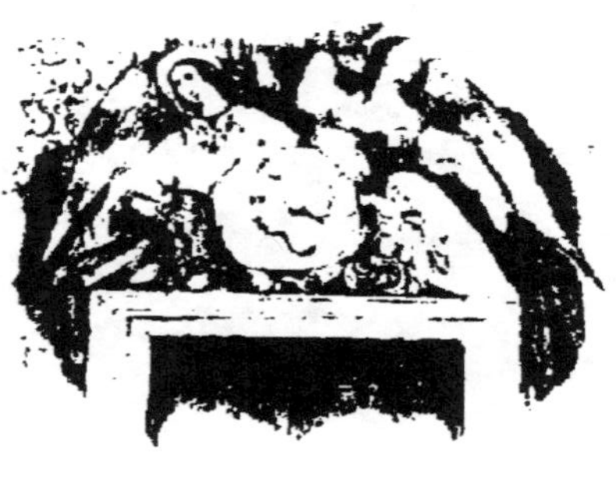

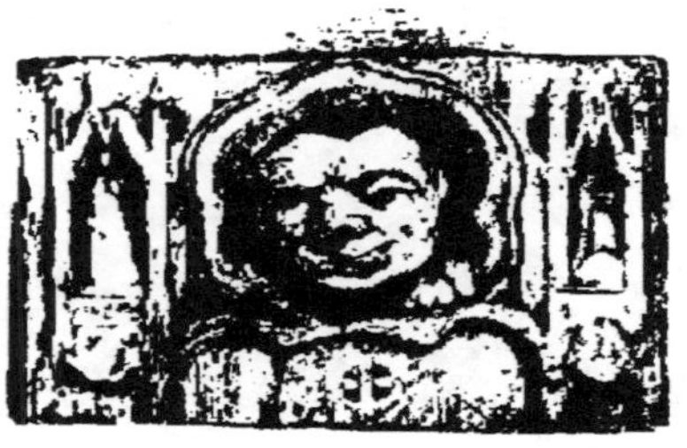

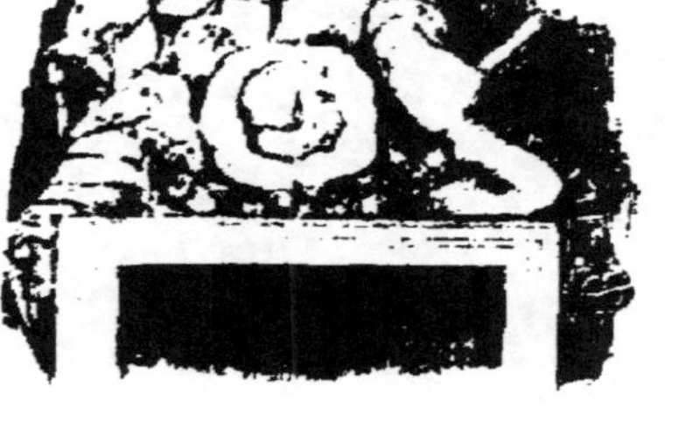

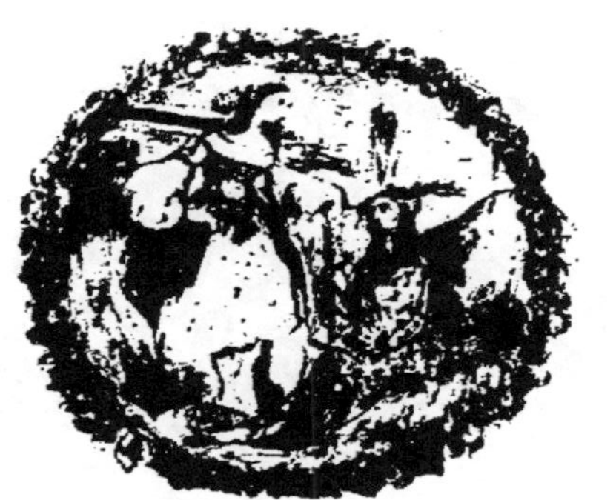

Fac similé d'une eau forte de Célestin Nanteuil.
Programme d'une fête chez Alexandre Dumas (1833 ou 1834).
Extrait des *Vignettes romantiques* de Champfleury.

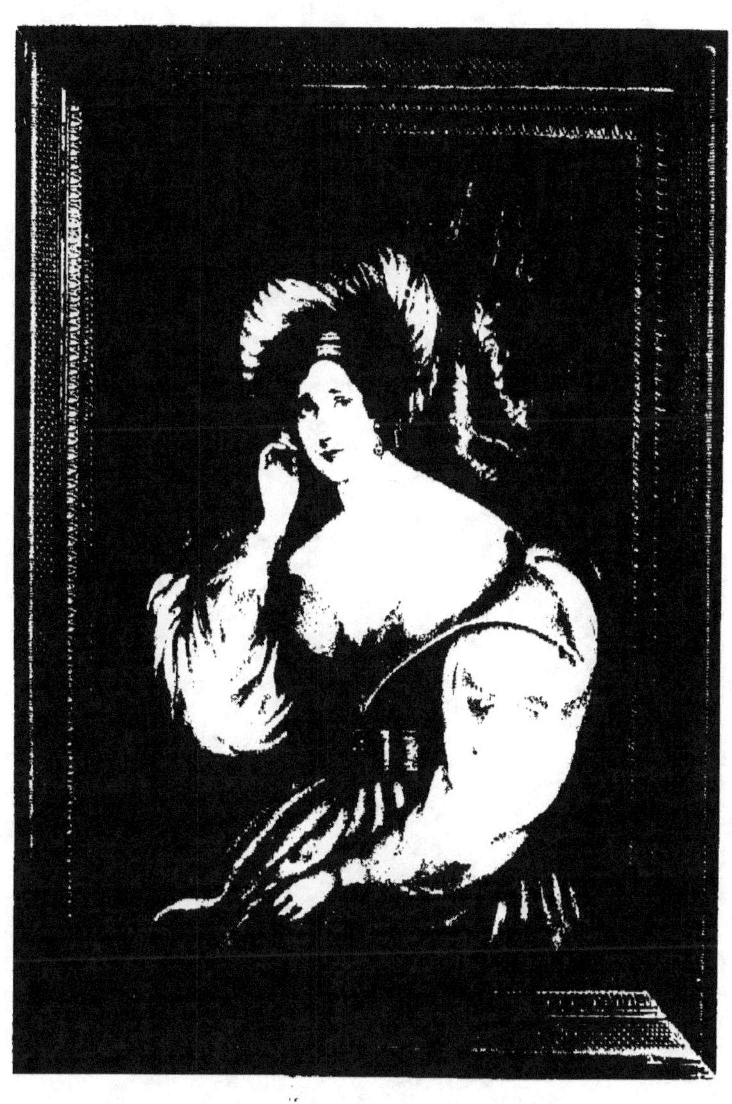

La Princesse royale Caroline-Amélie de Danemark.
Miniature de Mme Belnos, appartenant au Musée du Louvre
et déposée au Musée des Arts décoratifs.
(Pavillon de Marsan.)

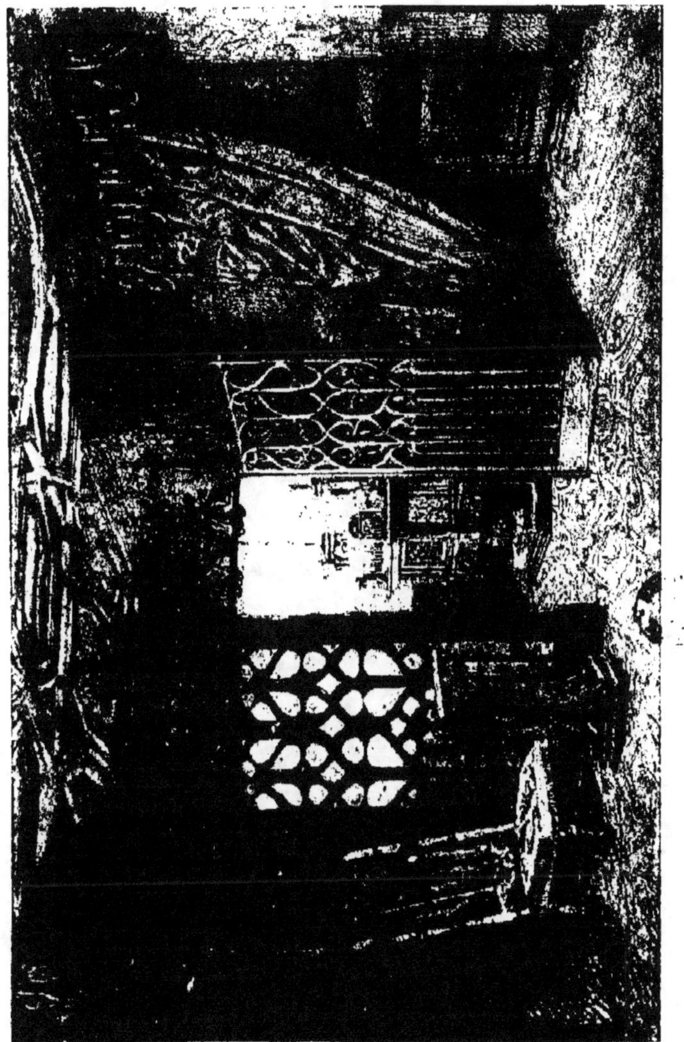

Oratoire de la princesse Marie d'Orléans au Pavillon de Marsan.
Dessin d'Henri de Montaut.
(Musée des Arts décoratifs.)

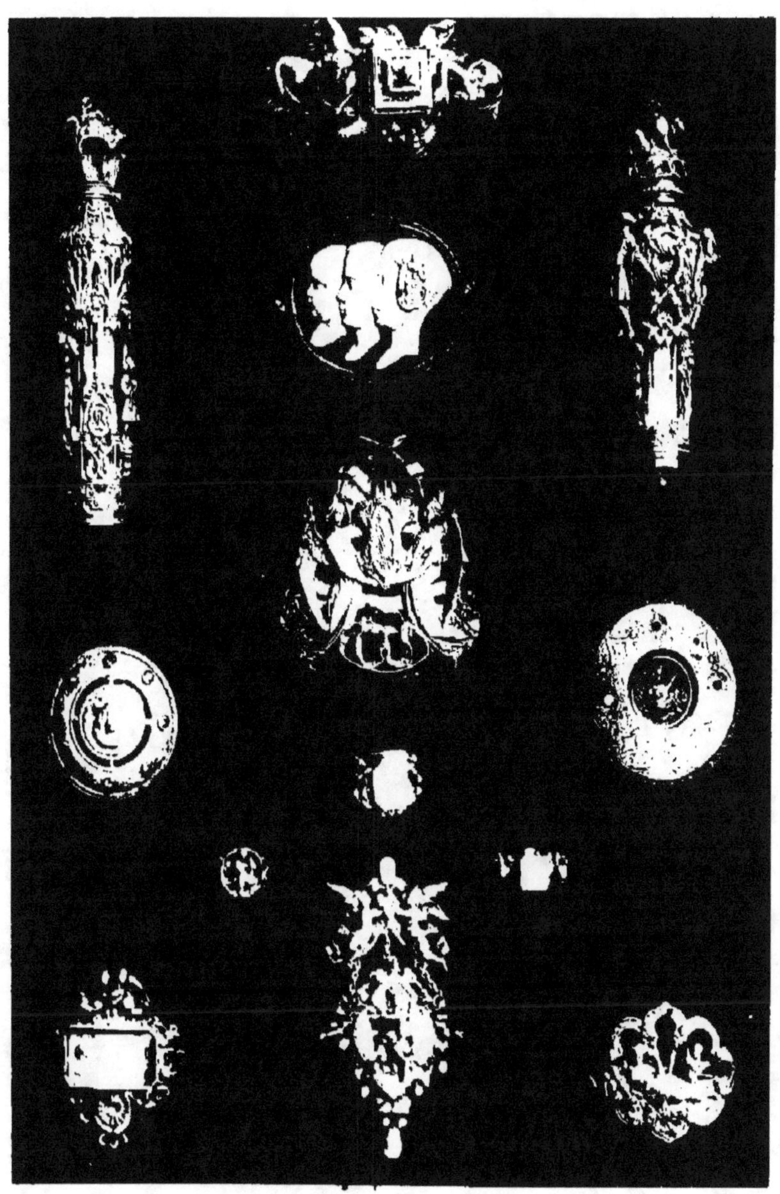

Bijoux romantiques par Pradier et Froment-Meurice.
(Musée des Arts décoratifs. Don Vever.)

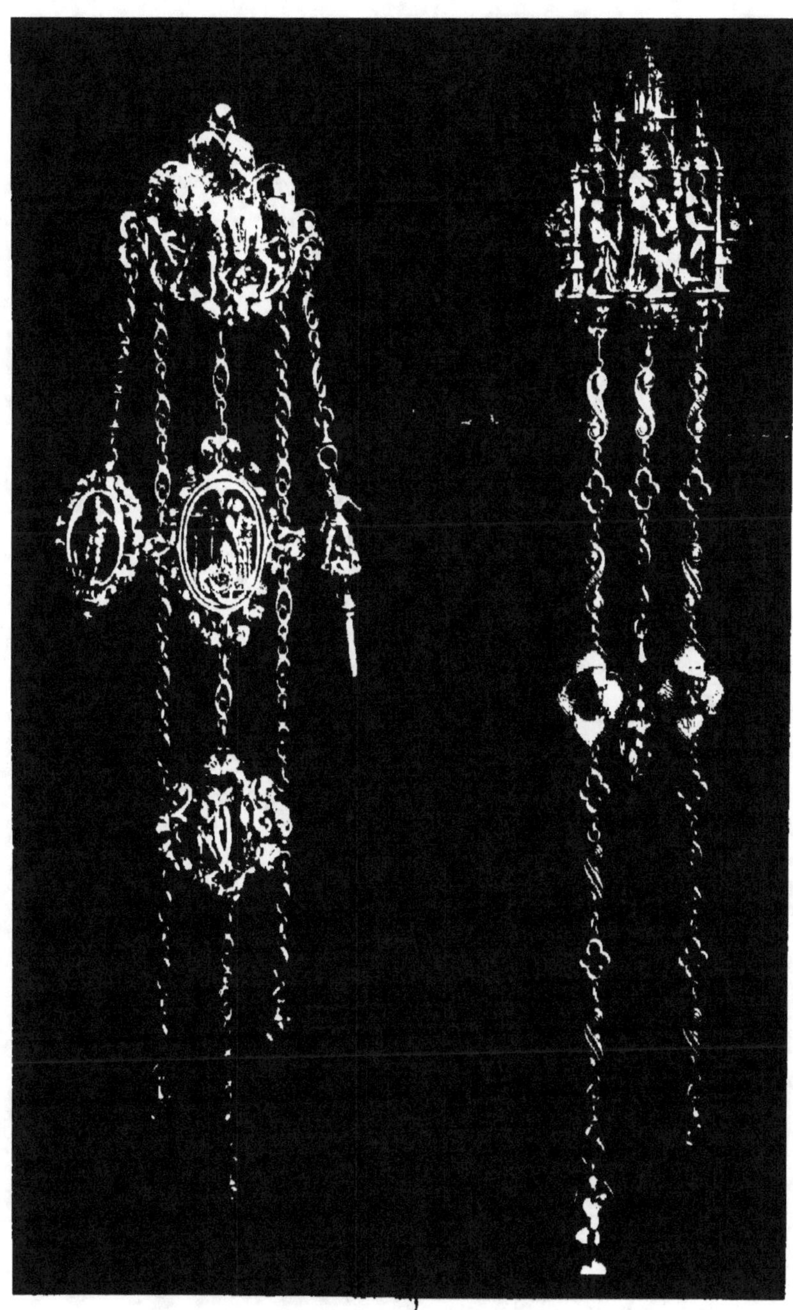

Chatelaines à sujets Moyen Age par Morel et X....
Dons de Mlle Bucquet et du général marquis de Nadaillac.
(Musée des Arts décoratifs.)

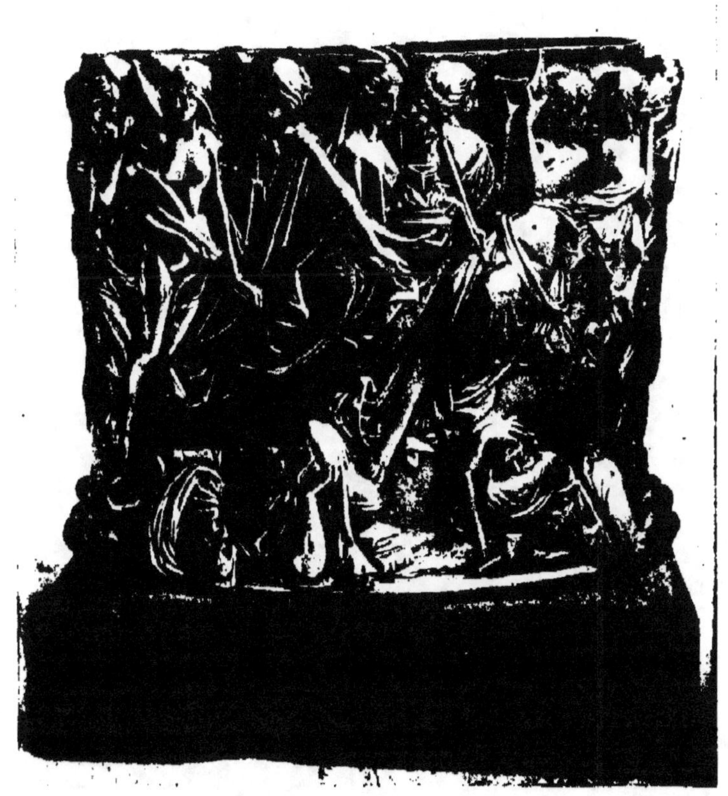

Les Ivresses.
Modèle de Feuchères pour un sceau à champagne
(entre 1840 et 1845), exécuté par Duponchel et Morel.
(Musée des Arts décoratifs. Don Breteau.)

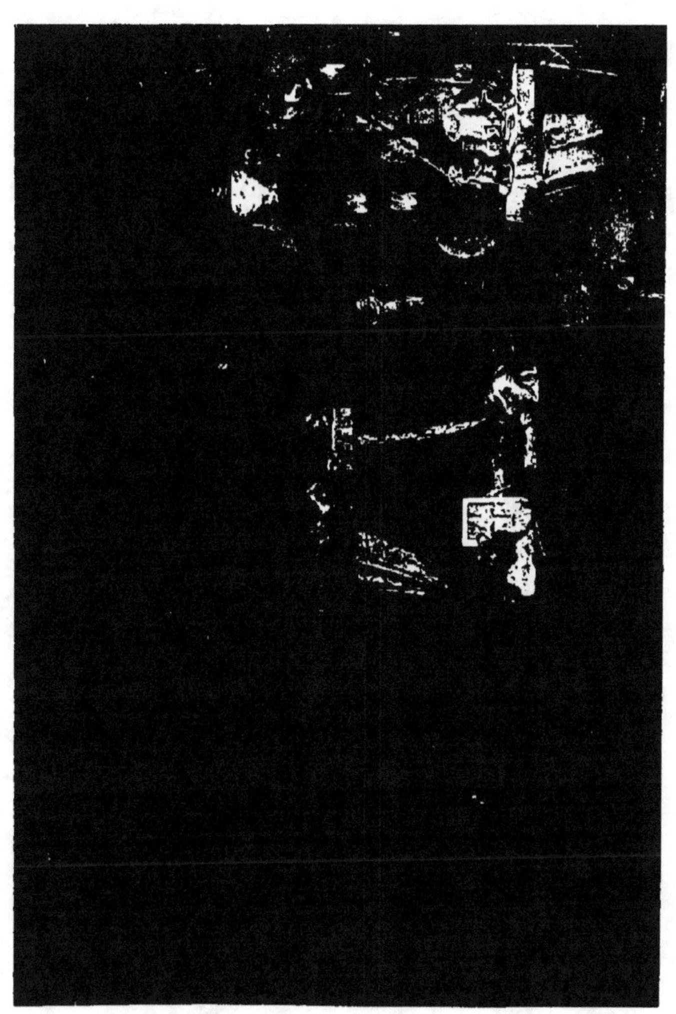

Le Cabinet de travail de Du Sommerard.
(Musée des Arts décoratifs.)

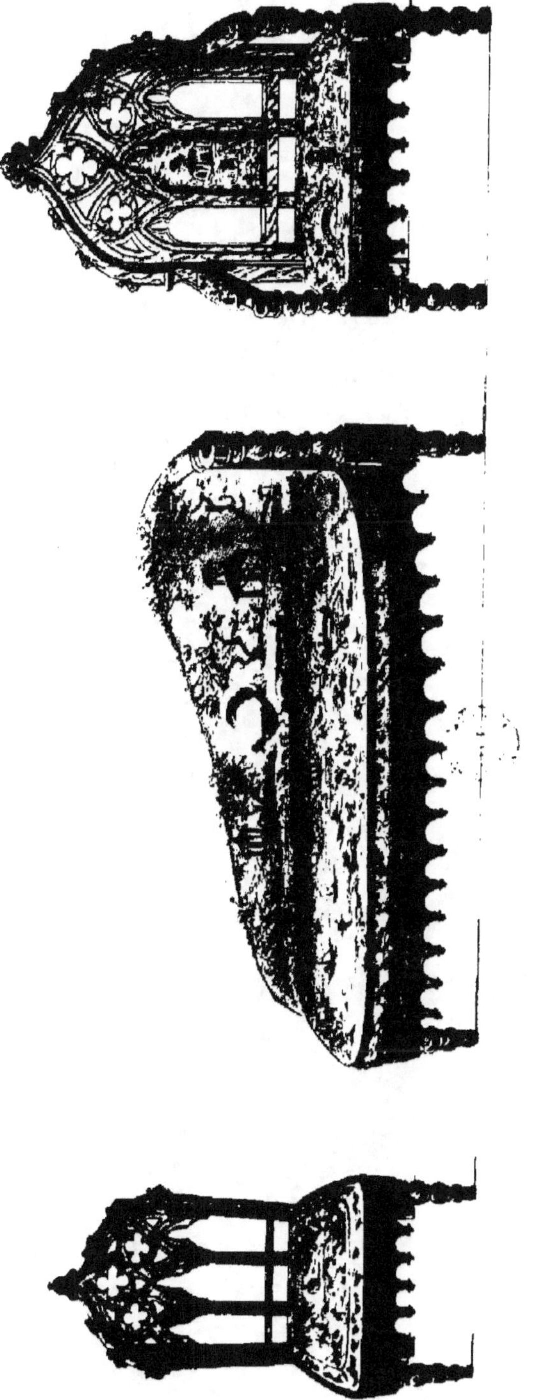

Sièges gothiques.

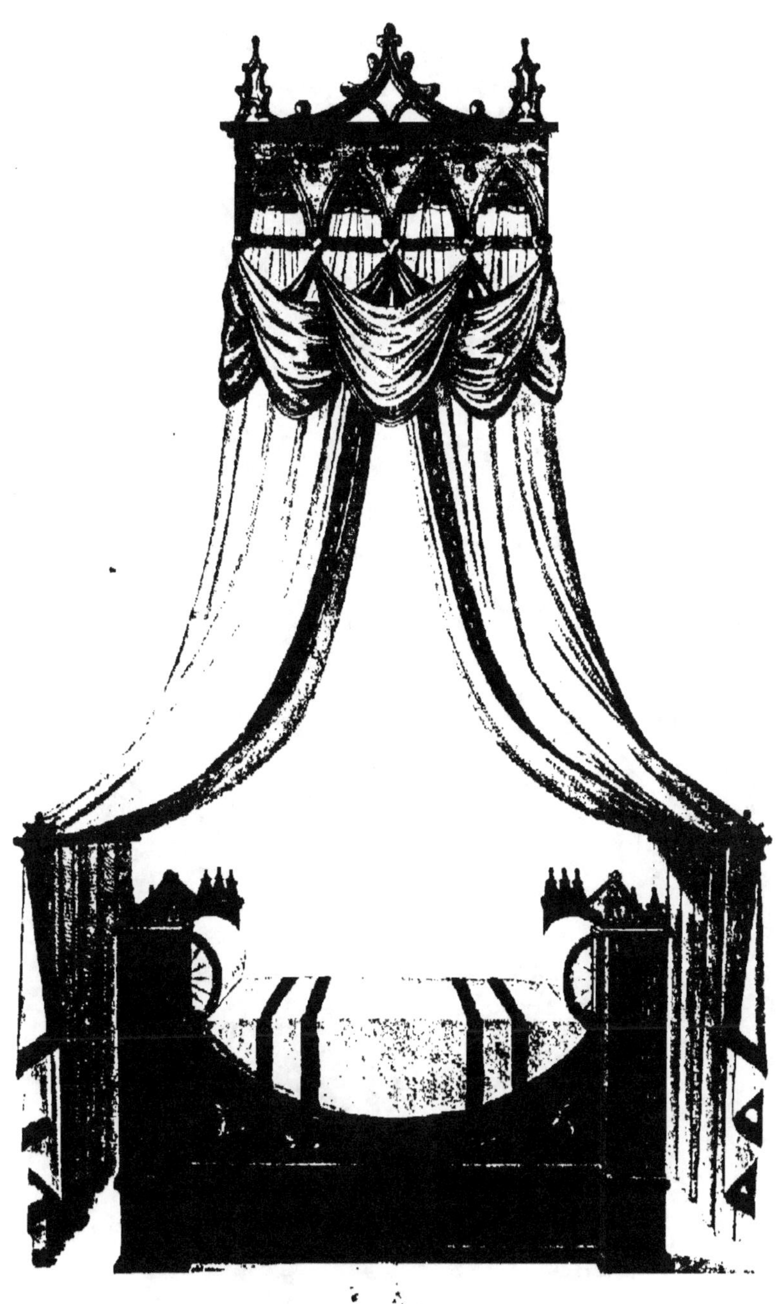

Lit gothique en bois citron.

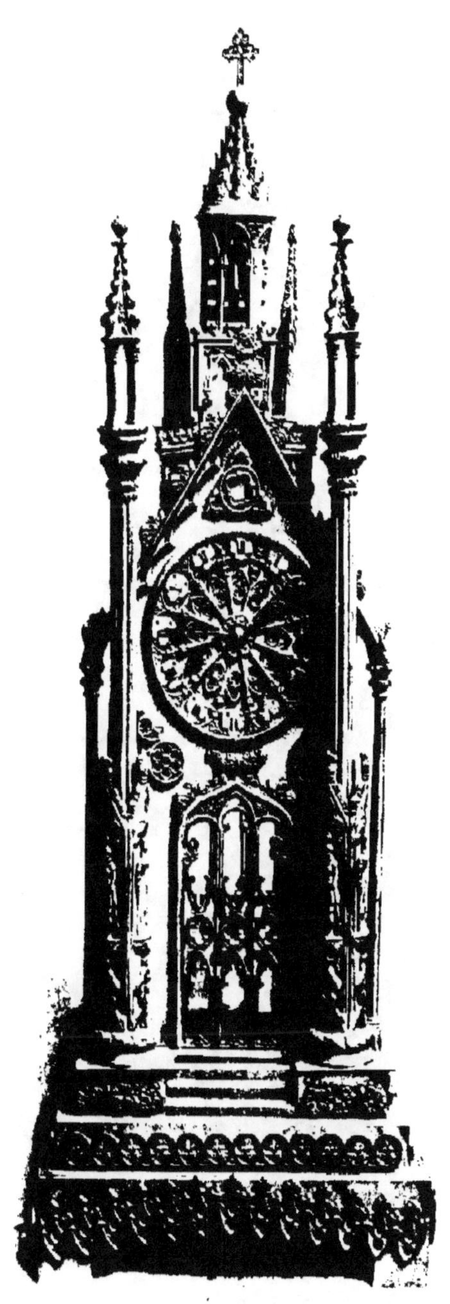

Pendule à la Cathédrale.
(Musée des Arts décoratifs. Legs Quentin-Bauchart.)

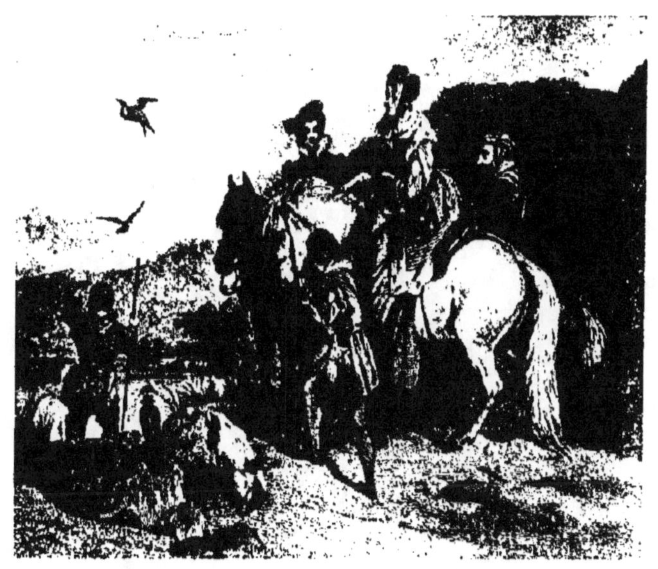

La chasse aux hérons, gravure d'après Landseer.
(Communication de la vicomtesse de Buysieulx.)

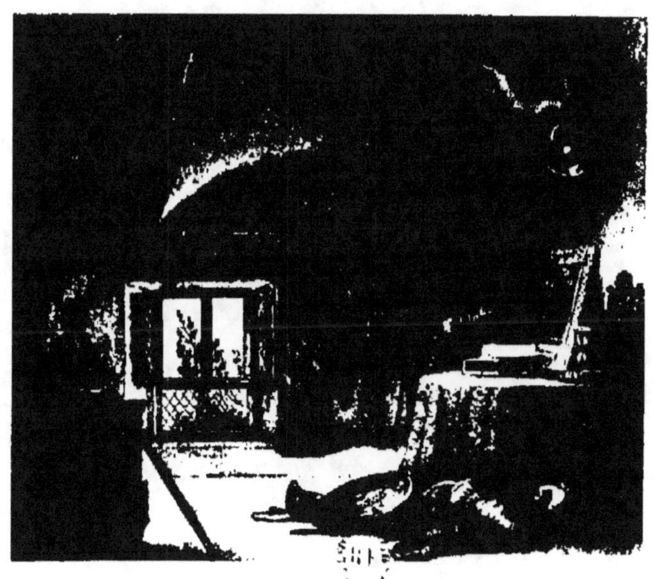

Une chambre à Abbotsford.
Gravure de Dandeleux.
(Communication de la vicomtesse de Buysieulx.)

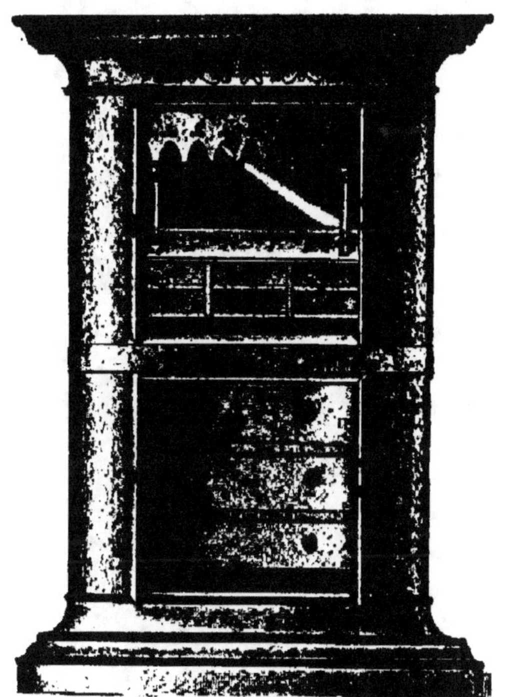

Secrétaire à la Cathédrale.

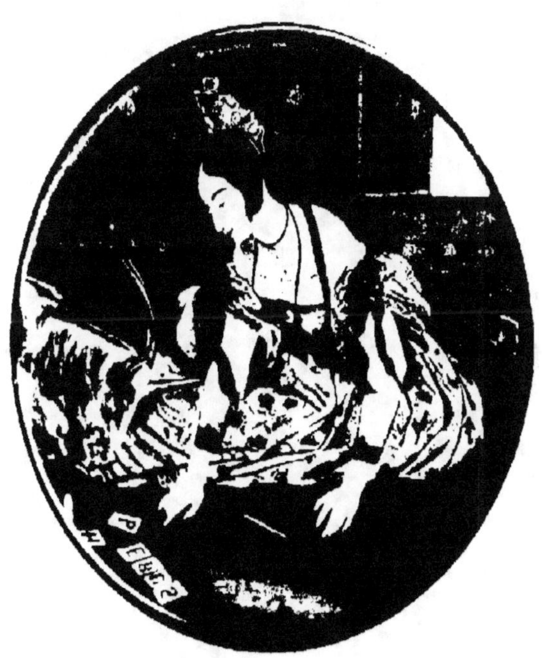

La Esmeralda.
Boîte à chocolats (1831).
(Musée Victor Hugo).

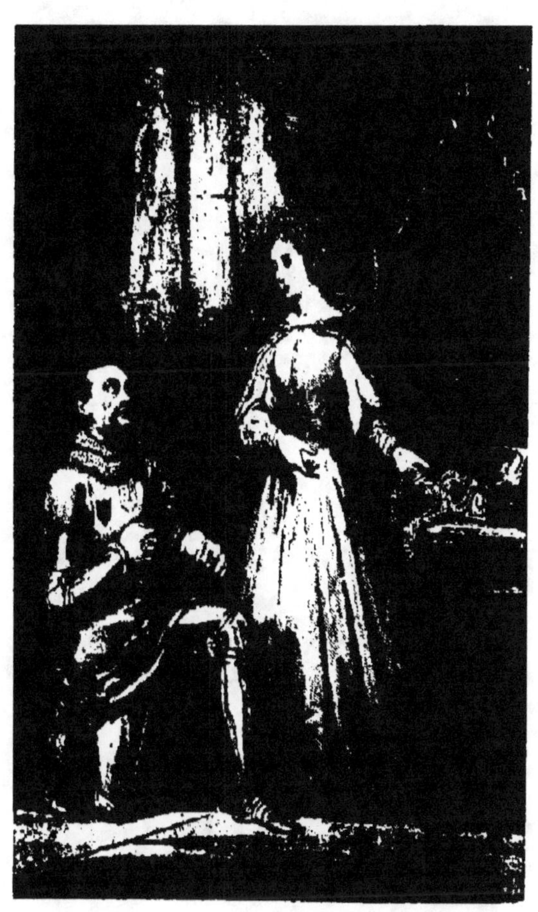

Gravure de A. Johannot pour *Le Génie du Christianisme*.

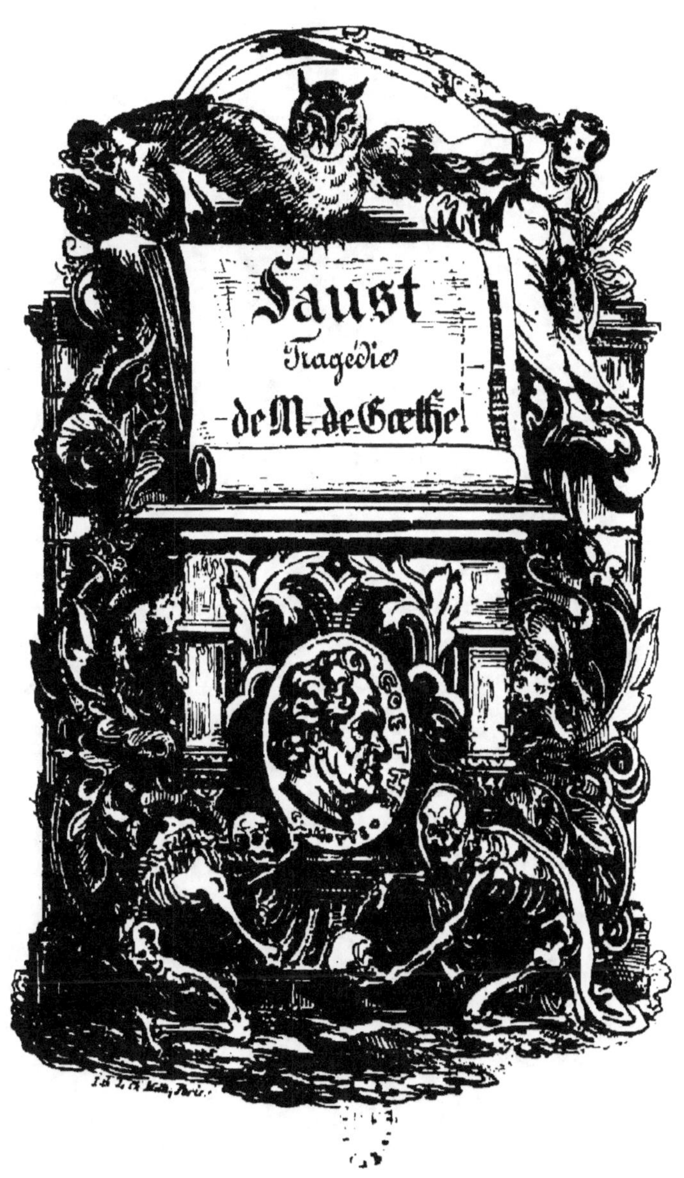

Fac similé réduit du frontispice du "*Faust*".
lithographié par Eugène Delacroix (1828).
(Extrait des *Vignettes romantiques* de Champfleury.)

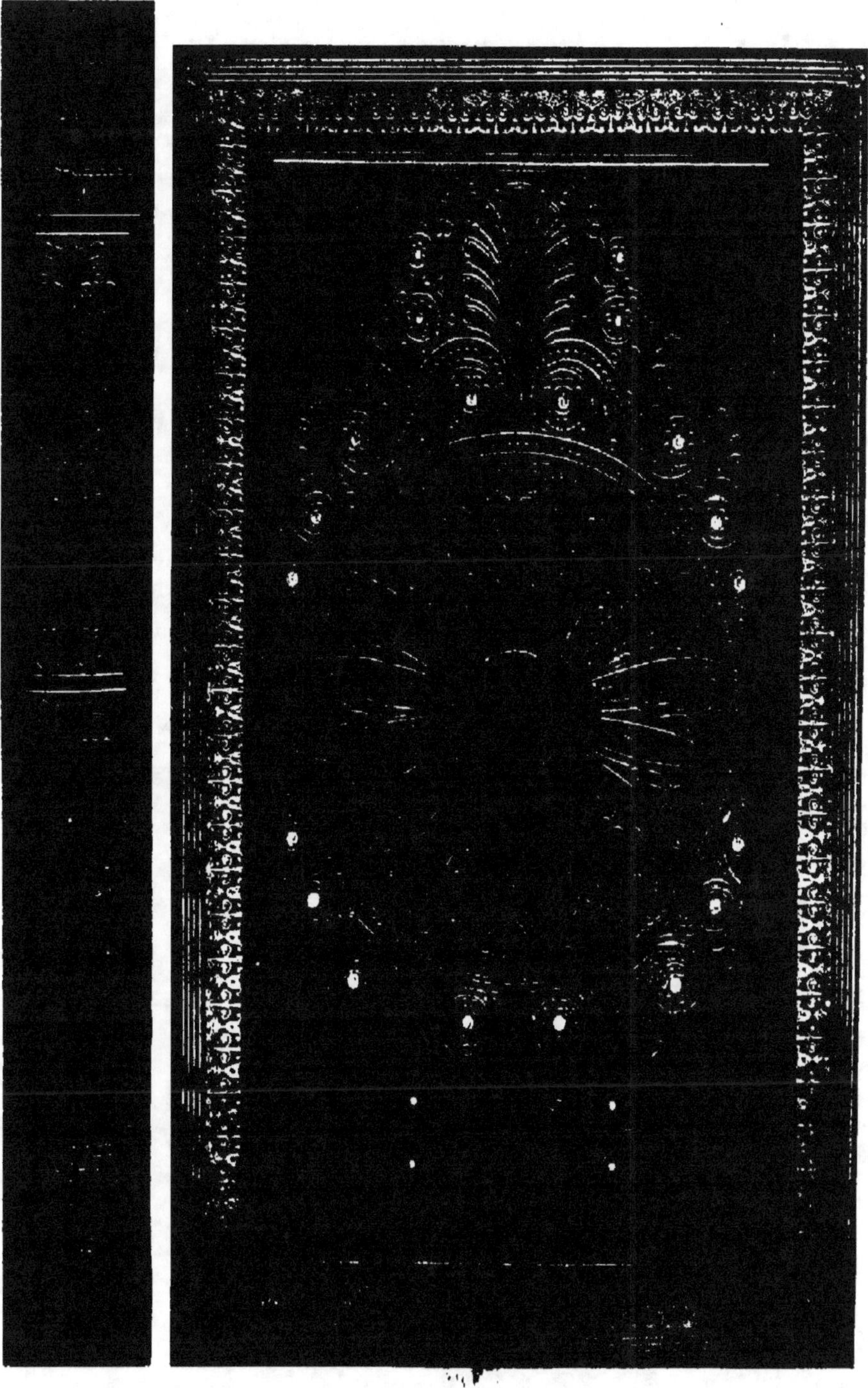

Reliure à rosace et à la cathédrale
par Simier (1829).

Hélio, Fauchcux et Les Chcfce

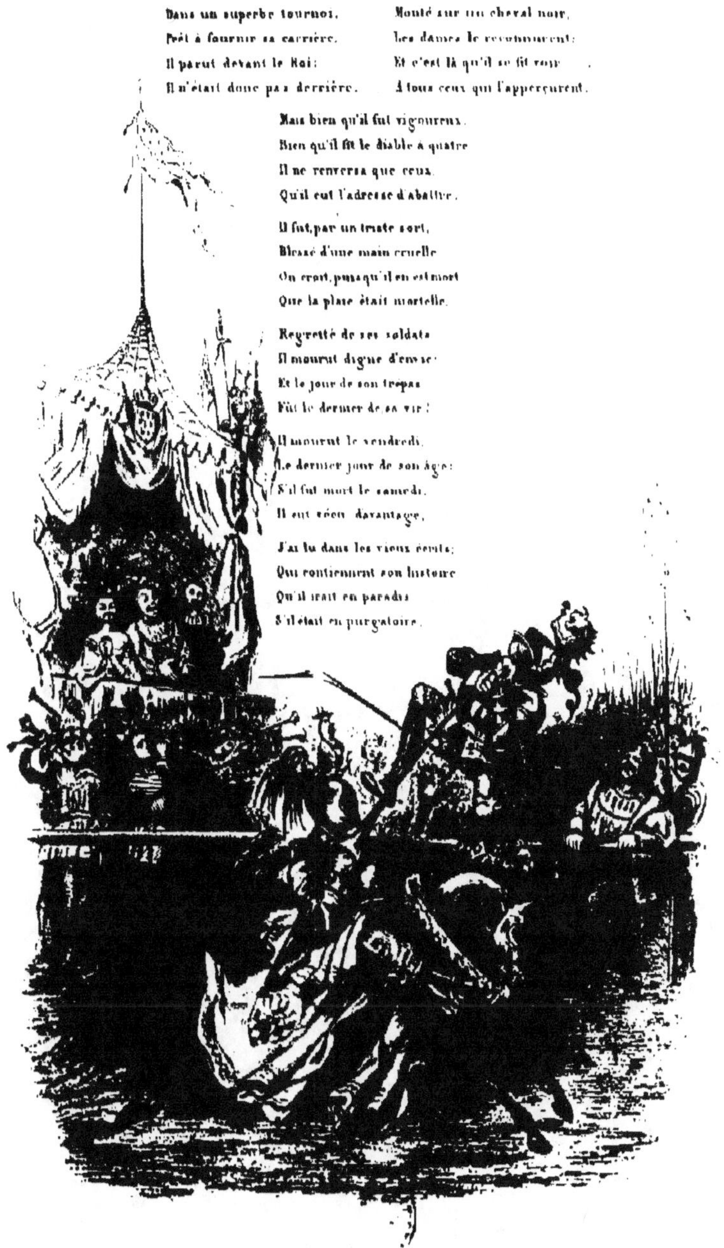

Composition de Trimolet pour la chanson du "*fameux La Palisse*".
Musique de H. Collet.
(Extrait des chants populaires de la France
par Dumersan et Collet.)

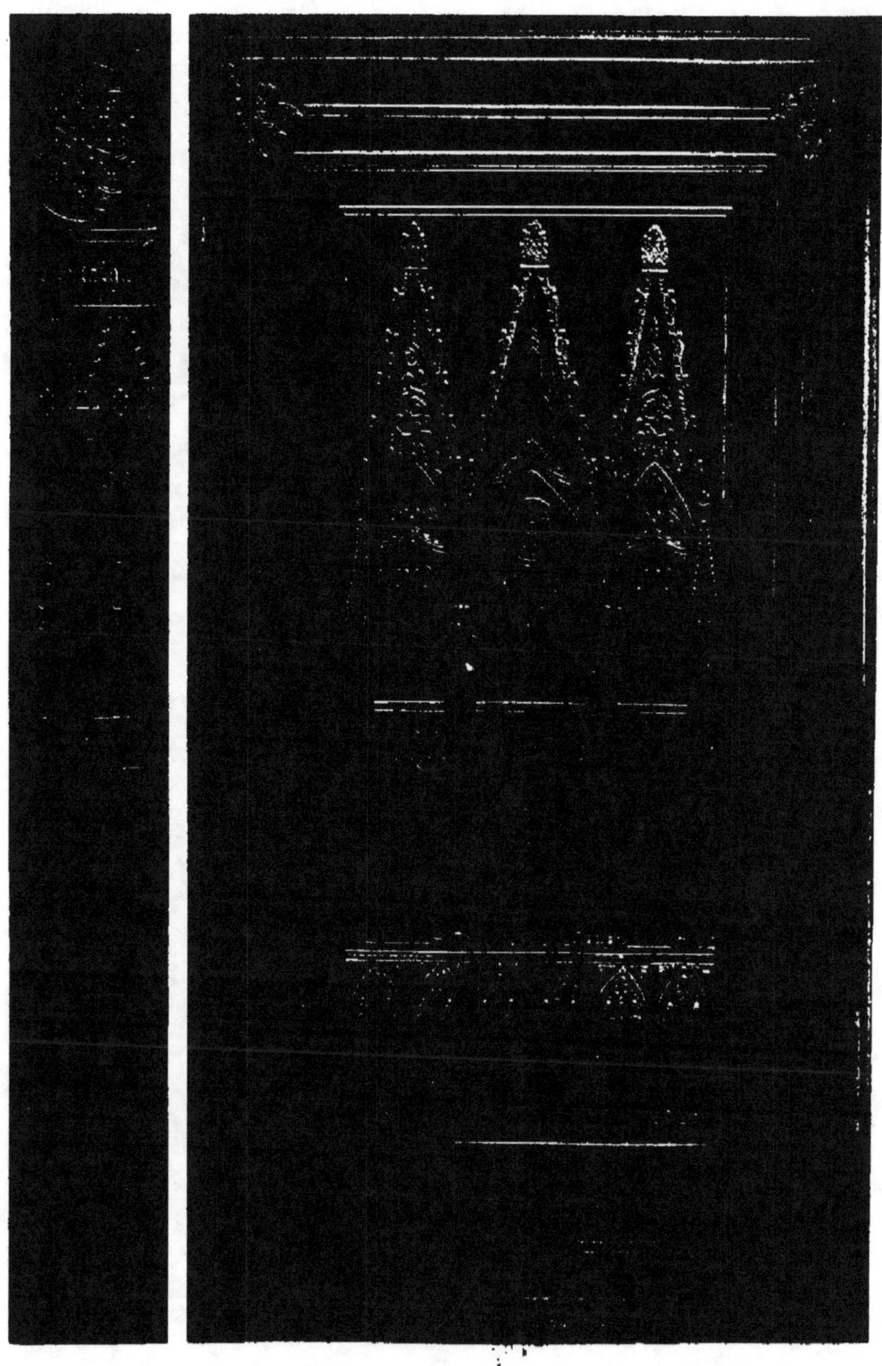

Reliure à la Cathédrale, par Thouvenin (1831).
Communiqué par M. Raymond Chasles.

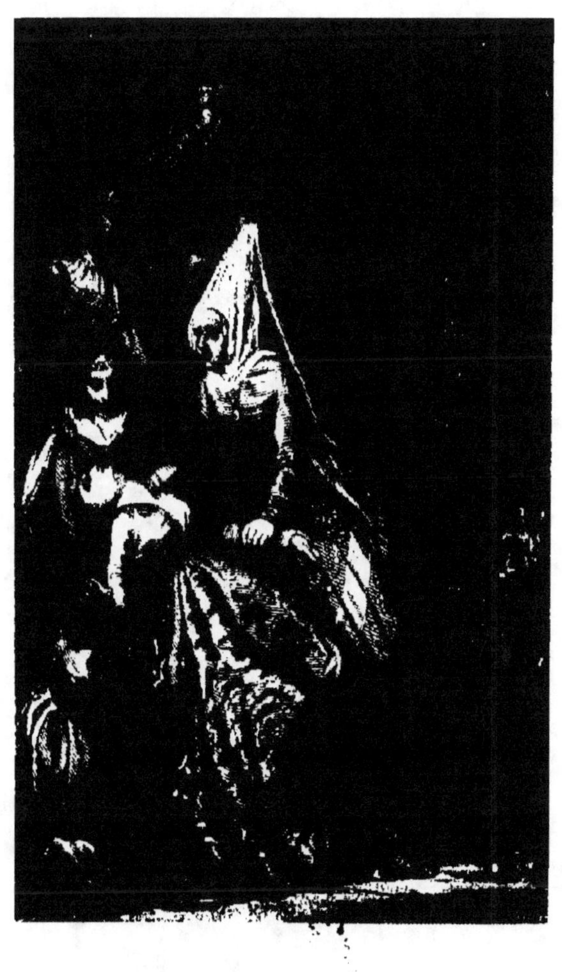

Composition de Tony Johannot
pour l'illustration de "Notre Dame de Paris".